神查账

邓治萍○著

SPM 南方传媒 | 广东经济出版社

·广州·

图书在版编目（CIP）数据

神查账 / 邓治萍著. —广州：广东经济出版社，2022.7
ISBN 978-7-5454-8005-4

Ⅰ.①神… Ⅱ.①邓… Ⅲ.①会计检查 Ⅳ.①F231.6

中国版本图书馆CIP数据核字（2021）第214680号

版权合同登记号：19-2018-120

策　　划：陈念庄
责任编辑：陈念庄　魏　维　孙　媛
营销编辑：江嫔嫔　李泽琳
责任校对：路亚妮
责任技编：陆俊帆
封面设计：柏拉图

神查账
SHEN CHAZHANG

出版人	李　鹏
出　版 发　行	广东经济出版社（广州市环市东路水荫路11号11～12楼）
经　销	全国新华书店
印　刷	珠海市国彩印刷有限公司 （珠海市金湾区红旗镇永安一路国彩工业园）
开　本	880毫米×1230毫米　1/32
印　张	5.5
字　数	115千字
版　次	2022年7月第1版
印　次	2022年7月第1次
书　号	ISBN 978-7-5454-8005-4
定　价	58.00元

图书营销中心地址：广州市环市东路水荫路11号11楼
电话：（020）87393830 邮政编码：510075
如发现印装质量问题，影响阅读，请与本社联系
广东经济出版社常年法律顾问：胡志海律师

序

Preface

我对会计学的体会——这是一门难搞的学科，有记不完的会计原理。难怪曾有位会计学教授调侃会计的定义是“很快会忘记”。是的，好比承租或出租资产时，应该用营业租赁还是融资租赁？发生一笔负债，它属于一般负债、负债准备还是或有负债？投资一权益标的，应将它分类为金融工具还是采用权益法计量的投资？选定会计政策时，如果会计学没学好，不记得会计原理，是无法做出正确判断的。就算正确选定了这些会计政策，还要面对确认与计量、后续计量等许多复杂的会计原则，会计学没学好，不记得会计原理的话，仍然无法正确记录交易事项。

好不容易囫囵吞枣地学习了所有会计学知识，紧接着来了一门审计学，就是教你怎么查账的学科，虽然学校可能会请会计师事务所的会计师讲授查账实务，以配合学校教师讲解审计理论，但是大部分学生对于书本的内容，常处于搞不清楚的状态，只能以死记硬背的方式应付考试，所以审计学也是一个让人很痛苦的学科。

如果你是会计专业的学生，毕业后很有可能进入会计师事务所工作，这的确是很有挑战性的工作。试想，若是进入一般企业工作，你要面对的仅是与这个企业有关的会计处理业务，而进入会计师事务所工作，你可能会遇到制造业、服务业、投资业、工程业，甚至更复杂的金融保险业等各类行业的客户，在相同的时间内，你要面对各行业的会计账户和科目，难怪会计师事务所安排的训练课程并不比学校必修课程少。“别人下班，你加班；别人特休，你进修”的生活状态，也在考验你能否成为会计师中的一员。至于那个当初用死记硬背的方式应付的审计学，你会在反复跟着前辈执行查核工作的过程中，突然发现审计学原理是可以被理解的，不用刻意去背就知道如何运用各种查账方法。

我担任会计师后，曾到学校为在校生讲授查账实务，因为有过来人的经验，我并不急于讲授怎么查账，反而会多花一些时间为学生讲授职场伦理——若是有心朝会计师这一职业发展，只要态度对了，就算在会计学上的功力不扎实，就算审计学是用死记硬背的方式过关，一切都可以重新学习。因为我就是通过“做中学”，复习了会计学，印证了审计学，将理论融入了查账实务。只要你愿意接受挑战，假以时日你也会成为“武功高强”的查账员。

“武功高强”的查账员不仅得拥有会计、税务等“专业武功”，还要有像名侦探柯南那样的质疑与观察能力。

某审计团队对一家公司进行审计时，发现其营业收入及利润增长非常迅速，审计经理指示查账员对营业收入及应收账款加强查核，查账员查核了内部及外部凭证，审查了入账的正确性，判断了交易的真实性后，认为营业收入及应收账款已允当表达。但是审计经理还是觉得这家公司的营收成长与新产品研发进度并不相当，且当时正值该公司准备对外募资。因为有此质疑与警觉，审计经理决定亲自出马一探虚实，终于从出货单之异常发现有部分销货是被安排出来的虚假交易，这便是多年审计经验累积的敏感度。

本书在撰写之初，是单纯为我所在的会计师事务所查账员撰写的审计程序，汇总重要会计项目的查核重点，后来应会计师公会之邀对新进审计员讲授查账实务时，这个讲义被认为可以改编成图书，除了可以帮助审计人员快速执行查账作业，也可以扩及企业会计人员，帮助他们了解《企业会计准则——基本准则》的规定。市面上已有许多关于如何看懂财务报表的图书，而本书是在看懂财务报表的基础上，带领查账新手或是会计人员探索更深一层的查账技术，难度自是在看懂财务报表之上。

如果您的客户或您的公司是上市（柜）企业，本书就不完全符合您的需要，因为本书是为中小型企业量身定做的，在此特别声明与提醒。

邓治萍

目录

Contents

第四章 简述会计师查账作业流程

第五章 资产及负债查核重点

第六章 资产类实质性程序

第七章 负债类实质性程序

第八章 股东权益实质性程序

第九章 收益实质性程序

第十章 费用及损失实质性程序

第一章 财务报表产生的过程

经营商业所发生的各种经济活动例如商品买卖、投资交易、理财活动、聘雇员工、行政管理等，都可称为“交易”；而在会计上应加以记录的交易事项，可称为“会计事项”。

会计人员对一系列会计事项，以有系统且符合会计原理的方式记录，并予以分类、整理、分析，产生财务报表，以供不同需要者使用或参考。

1 一张图告诉你财务报表产生流程

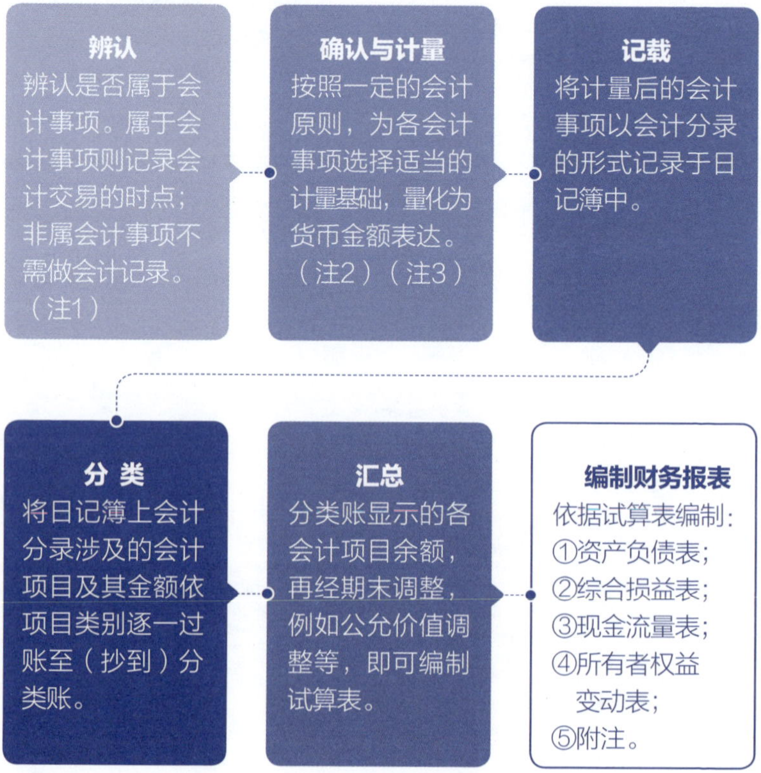

注1

会计事项：指能以货币计量，足以影响一家企业的资产、负债、所有者权益、收益与费损等会计要素，使其发生增减变动的经济事项。非属会计事项则无此类特性，例如签订合约、董事监事改选等。

注2

会计事项的确认：指将符合资产、负债、收益或费损定义及符合下列确认条件的项目，列入资产负债表及综合损益表的程序：

❶ 与该项目有关的未来经济效益很有可能流入或流出企业。

❷ 该项目的金额能可靠计量。

注3

会计事项的计量：在决定财务报表的会计项目金额时，应视实际情形，选择适当的计量基础，包括历史成本、现行市价、重置成本、可变现净值、未来现金流量或其他计量基础。

2 / 释例：两个案例说明会计作业范畴

案例一

甲公司与乙公司签订一个1000万元新台币的分期付款销货合约。约定双方签约后一星期内乙公司需支付货款的10%为订金，于出货后再支付10%的货款，其余80%的货款则于出货后一年内平均支付。

（1）签约

从一般意义上讲，签约是一种交易行为，但是，这个行为尚未引起企业资产、负债、所有者权益、收入、费用、利润等的变化，经辨认不属于会计事项。因此，签约尚无会计上的确认与计量作业。

（2）收（付）订金

就双方而言，收到（支付）的订金，该部分的经济效益已经流入（流出）企业且金额能可靠计量，符合会计事项的两个确认条件，甲公司与乙公司皆应就收（付）订金这个会计事项确认、计量与记入账簿。

（3）出货

就双方而言，商品已经出货（收到），虽然仍有80%的货款尚未收取（支付），但账款收现无重大不确定性，且坏账额可合理估计，符合会计事项的两个确认条件，甲公司与乙公司皆应就销货收入（购入资产）这个会计事项确认、计量与记入账簿。

案例二

A公司与B公司签订一个1000万元新台币的销货合约。约定双方签约后一星期内B公司需支付货款的10%为订金，于出货后再支付70%的货款，其余20%的货款须待B公司验收完成后三个月内支付。

（1）签约

与案例一相同，尚无会计上的确认与计量作业。

（2）收（付）订金

与案例一相同，收（付）订金部分应确认、计量与记入账簿。

（3）出货

就双方而言，商品已经出货，但尚未通过B公司的验收，仍有可能因验收未通过，而遭到退货，仅能就收到（支付）的10%货款的部分确认、计量与记入账簿。至于该笔销货交易（购入资产交易），因存在未来经济效益是否可顺利流入（流出）企业的不确定性，不符合会计事项第一个确认条件，因此出货时，A公司及B公司皆不应将这笔销货收入（购入资产）确认、计量与记入账簿。

（4）验收完成，符合要求

就双方而言，皆已确认该合约时，买方B公司有按照合约付款的义务，因此未来经济效益很有可能流入A公司或流出B公司，且金额能可靠计量，符合会计事项的两个确认条件，A公司与B公司皆应将该笔销货收入（购入资产）确认、计量与记入账簿。

会计本身是一种服务性的活动而非目的，会计目的主要有两类：一是帮助会计信息的使用者做出经济性的决策，同时解决其所面临的问题；二是作为税务机关对营利事业征税的根本依据。

第二章 财务报表的内容和功能

1 / 财务报表的内容

财务报表主要是由资产负债表、综合损益表、现金流量表、所有者权益变动表四大表以及附注组成。

四张表彼此的关联：

①资本（或股本）的期初余额、本期增减项目与金额及期末余额。

②资本公积的期初余额、本期增减项目与金额及期末余额。

③留存收益（或累积亏损）。

a. 期初余额。b. 追溯适用及追溯重编的影响数（以税后净额列示）。c. 本期净利（净损）。d. 计提法定盈余公积、特别盈余公积及分派股利项目。e. 期末余额。

④其他权益各项目的期初余额、本期增减项目与金额及期末余额。

⑤库藏股票的期初余额、本期增减项目与金额及期末余额。

2 财务报表的功能

财务报表主要提供的信息包括财务状况、经营能力、偿债能力、营业结果及资金运用情况，这些可以作为财务报表使用者（例如投资人与债权人）决策时的参考信息。

财务报表使用者可能为：

外部使用者	
股东	股东是公司的出资人，股东重要的权利之一是常见的红利分派权。除了红利分派权，股东亦可根据公司经营结果决定是否增加投资或出脱投资以维护自己的权益
潜在投资人	潜在投资人愿意花多少钱购买一家企业的股票？影响因素可能有很多，有些是依据公司获利状况，有些是考虑公司未来前景。不论是否着重现实获利情况，财务报表所呈现的经营状况、结果皆是重要参考指标，特别是法人股东，其在投资之前多会要求进行尽职调查（Due Diligence，DD），其中财务尽职调查就是从财务报表着手的
债权人	因借出金钱、赊出货物、提供劳务发生债权债务关系时，有权要求对方给付的一方为债权人。一般人最熟悉的债权人是银行，大家常说银行往往是“晴天借伞，雨天收伞”，银行对企业“借伞”或“收伞”的资金贷放决策，除了考虑所提供抵押担保品的价值、企业未来发展潜力外，企业的经营体质（例如流动性、偿债能力及现金流量等）、经营状况（例如营业收入、获利率等）更是不可或缺的重要依据，而当期财务报表能最直接地反映企业的经营体质
政府机关	税务机关征税须以财务报表为基础
征信机构	征信机构搜集企业信用报告，形成企业信用评分，建立信用数据库，以提供经济主体信用记录及营运财务信息供查询利用
一般社会大众	诸如企业的竞争对手欲“刺探军情”、证券分析人员分析产业状况、求职者为初步了解公司概况，甚至商品交易的卖方在议定售价或付款条件时，可能会考虑买方的经营状况。以上各种不同的需求，皆可通过公司的财务报表获得信息

（续表）

内部使用者	
董事	有限公司的董事、股份有限公司的董事会及经理人是公司的经营者，对于公司产品定价、成本控制、专业经理人及一般员工的奖惩考核、重大投资等，经营者不可能仅凭印象或经验就能做出适当的决策，除了考虑外界经济状况或未来发展外，允当的财务报表亦是不可或缺的参考依据，可以帮助经营者降低出错的概率。同时财务报表所呈现的经营状况、结果，也是经营者的成绩单，可作为帮助股东判断未来是否继续支持经营者的参考依据之一
经理人	财务报表可协助经理人判断应该把注意力放在哪里，并且重新评估未来的绩效。当经理人想知道“哪些方面做得好？”“做得不好的部分可以怎么补救？”“未来该如何保持成长？”等问题的答案时，都可以将财务报表分析结果作为参考的依据

第三章

允当表达的财务报表才具有实意

1 / 错误的财务报表造成的影响

本书第二章说明了财务报表的功能主要是为企业内部使用者及外部使用者提供决策参考的依据，因此财务报表是否允当甚为重要。

一家企业某年度业绩较往年成长了许多，且会计人员提供的财务报表显示其获利甚高，因此该公司总经理在年终尾牙宴请重要股东与董事时，信心满满地声称公司将发放高额股利回馈股东。股东们满心期待一年一度的股利，但是当会计师查账时发现该公司财务报表存在重大错误，经过调整后，正式的股东会只能通过不如预期的股利，老板的尴尬程度、股东无奈的心情可想而知。

一家具有独门技术的公司为开拓市场需引进新股东的资金，然而以前年度公司为了少缴企业所得税，以漏列营业收入或高列成本、费用的方式，造成亏损的假象，在新股东入资之前，公司被要求先办理减资弥补亏损，以免损及新股东的权益，老股东因而受到错误财务报表的影响。

至于更严重的影响，是公司股票已在证券市场公开交易的企业，一旦发生经理人操纵会计、隐藏不法行为等事件，皆会造成众多投资者的重大损失。2001年，美国安然公司做假账后破产，不但造成投资人损失，甚至使曾经全球最大的会计师事务所——安达信会计师事务所，于2002年被迫退出审计业务，其影响可谓非常重大。在中国台湾，也曾发生上市企业掏空假账案，例如博达事件、“力霸案”等，一样是坑害了无数的投资大众，涉及的签证会计师有的被停权，有的被罚，影响非常重大。

2 / 允当表达的财务报表

财务报表若呈现出有用财务信息的质量特性，则可被称为允当表达的财务报表。

财务信息若要有用，必须忠实地表述其所意图表述的事件。财务信息若具有可比性、可验证性、时效性、可了解性，则可强化其有用性。

为使企业所编制的财务报表具有有用性，会计处理必须有一致的规范，政府部门或会计权威团体总结出一套会计处理方式，供大家遵守，这一套体系通称为会计准则。

我国所遵循的会计准则为《企业会计准则——基本准则》。

会计人员应接受过适当的会计教育，具有一定的实务经验，遵循《企业会计准则——基本准则》的规定处理会计事务，方可产出允当表达的财务报表。

3 / 经会计师查核签证的财务报表

会计人员应依照规定的会计原则处理会计事务。但即便如此，是否就已正确引用会计原则？有无故意扭曲会计原则？

经济学提出的信息不对称理论，非常适用于解释为何要由会计师查核签证财务报表：该理论认为市场中卖方比买方更了解有关商品的各种信息；由于交易双方信息不对称，造成两种现象——逆向选择和道德风险。

逆向选择最典型的例子是二手车市场。一辆二手车行驶的里程数较短、性能较优，且质量维护得不错，就应该能够卖一个好价钱。反之，价钱自然较低。然而车辆的真实状况只有卖车人最清楚，买车人就不完全了解。买车人为了降低被骗的风险，必然要尽量杀价，而卖车人因坚持车辆具有良好的质量，坚持拒绝降价，一个拼命杀价，一个坚持要价，僵持之下，自然是谈不拢。最终，这辆好车只好退出市场不卖了，发生了“劣币驱逐良币”效应。

道德风险，是指公司员工利用其在经营中努力程度的不可观察性，谋求自身效用最大化而偏离组织目标的风险。由于企业中普遍存在契约的不完备性和信息的非对称性，诱发了员工的机会主义行为，员工利用契约的“漏洞”和行为的不可观察性，尽可能以较少的努力换取较多的报酬。例如经理人为取得绩效奖金，不努力开发业绩，而是下令让工厂生产超量的库存，将部分制造成本隐藏在期末存货中，造成成本降低产生获利的假象。

企业财务报表是否已正确引用会计原则、有无故意扭曲会计原则，只有企业最清楚，外部报表使用者并不了解。经理人是否正当地获得其应获得的奖励报酬，亦只有该经理人最清楚，公司股东并不了解。

此时，会计师可扮演独立专家的角色，依照《企业会计准则——基本准则》《中华人民共和国国家审计准则》，验证公司管理层所编制的财务报表是否符合会计规范。因此，经具有公信力的会计师查核签证且出具了财务报表允当表达的查核报告，该财务报表才具有有用财务信息的质量特性，也才对所有报表使用者具有实益。

第四章 简述会计师查账作业流程

1 / 查账是通过系统性的过程完成的

查账是通过一系列既定步骤、程序完成的，当会计师接受委任后，即着手分析公司的内部控制情况，包括行业特性、产品特性、市场状况，以及公司的组织结构、书面制度或规章等。完成对内部控制的了解后，会计师执行实质性程序，通过询问、观察、检查、盘点、函证、分析及比较等方法，确认财务报表的编制是否符合《企业会计准则——基本准则》。

换言之，会计师来公司查账不会只在会议室翻阅会计资料，他可能会去厂区实地访查员工或观察存货状态，也可能跟业务、采购、人事等高阶主管聊聊他们业务范围内发生的事情。曾经有一位谨慎的会计师还派人“微服”拜访被调查公司的销售对象，就是为了证实一些显示“异象”的交易是否真实存在。

就是要经过这一连串系统性的求证过程，会计师才能合理确信财务报表是否允当表达。

2 / 会计师查账作业流程

（1）会计师如何执行查账工作

通常会计师审查财务报表的时间，短则不超过一星期，长则一两个月甚至更久。在如此有限的时间内，需对一整个年度的财务报表完成外勤查核，故会计师仅能以抽查的方式搜集证据，而不可能全面地查核。那么，会计师究竟如何在这么短的时间内执行其查核业务？

首先，会计师会复核公司的内部控制制度。企业的内部控制包括管理控制与会计控制。管理控制的目的，比较偏向于保障营运效率及效果，例如生产设备应适时维护使其顺畅运作、存货管理需符合最佳安全存量，这些方面做得不好，可能会造成公司资源浪费，不过还不致产生错误或舞弊行为；而会计控制的目的，则比较偏向于保障财务信息的可靠性，例如费用凭证请款后应注记“付讫”以防二次请款，订定合宜的核决权限，使所有交易均经过适当审核。

一般而言，会计师接受的审计案件，主要是对财务报表进行查核，因此会计师会比较关切会计控制是否严谨，而容易忽略管理控制。如果会计师复核内部控制的结果，认为公司的制度能合理有效预防与及时查出各种错误或不法行为，并予以更正，则会计师对公司提供的财务报表会给予较高的信赖度。反之，若公司的控制政策和程序并不健全，错误或不法行为容易产生，且不易被查出、更正，则会计师对其财务报表的信赖度自然大打折扣。

其次，会计师会依据对受查公司内部控制信赖的程度，设定实质性程序的范围。所谓实质性程序，简单来说，就是对财务报表各科目余额，查核相关取得的凭证，判断其是否允当。内部控制可以信赖，则可适度降低与缩小实质性程序的深度与广度；反之，则需加强查核相关凭证，以确认财务报表数字是否允当。不过一个很重要的原则是，不论内部控制设计得如何严谨、执行得如何彻底，都不可以因信赖内部控制而完全舍弃实质性程序。因为内部控制好，仅能推论其出错的概率小，而不代表其财务报表就没有问题。因此无论如何，会计师都要执行盘点、函证、核对等实质性程序以验证财务报表余额的可信度。

（2）查账作业流程

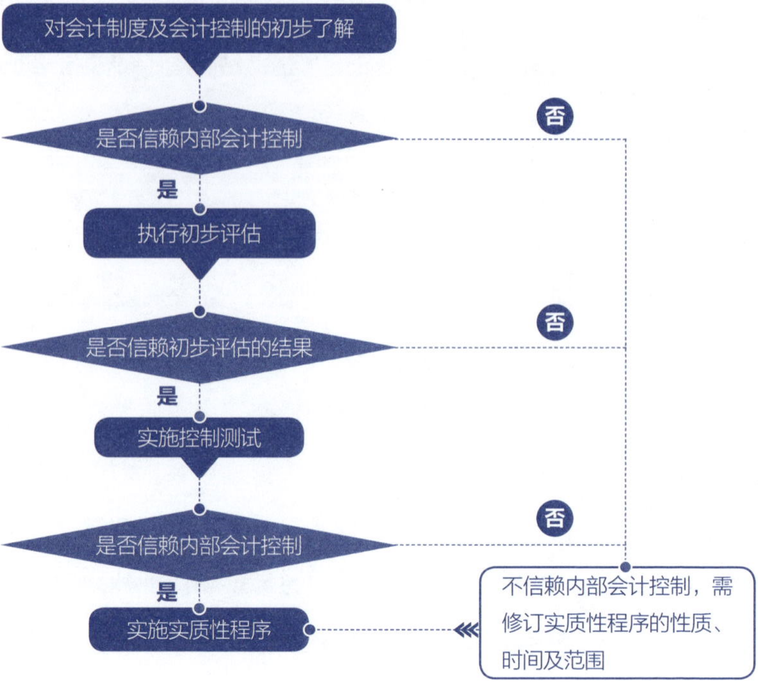

（3）查账流程的说明

①对会计制度及会计控制的初步了解。

目的

A. 了解公司是否设置内部控制机制可供查核。

B. 判断管理阶层的经营理念是否正直、可靠。

C. 确认会计记录的正确性。

方法

A. 取得并阅读书面手册：如书面会计制度、内部控制制度，管理规章、办法等。

B. 检查文件记录：检查是否备置上述制度、规章、办法中规定需设立的文件、窗体等。

C. 观察作业情形：实地观察相关人员是否按规定执行作业。

D. 询问公司相关人员：实地询问相关人员的作业执行方式。

②执行初步评估。

目的

确认公司会计控制、管理控制设计是否良好。

方法

以专业的判断方式确认内部控制是否符合以下条件：

A. 内部控制及各项管理办法完整包括该公司所有重要交易流程。

B. 内部控制及各项管理办法具备应有的管控功能。可有效预防、侦知及更正错误的发生。

③实施控制测试。

目的

A. 确定公司所述的内部控制是否确实运作，了解遵行制度、规章的程度。

B. 测试会计信息的处理过程是否可靠。

C. 若测试结果可信度高，则可适度降低与缩小实质性程序的深度和广度；否则，宜拓展实质性程序的深度及广度。

方法

A. 交易抽查：于期中（自1月1日至期中财务报表日），及期末（自期中财务报表日后一日至12月31日）查账期间，以合乎逻辑的选样方法，从公司所有营运循环中各抽取数笔样本，例如采购交易自交易发生（请购）到交易结清（付款），查核其重要流程的控制点是否依公司规定处理。

B. 功能抽查：于期中（自1月1日至期中财务报表日），及期末（自期中财务报表日后一日至12月31日）查账期间，以合乎逻辑的选样方法，从公司所有营运循环的重要控制点（例如商品验收入库或销货入账的程序）中，各抽取数笔样本，查核其重要控制点是否依公司规定处理。

④ 实施实质性程序。

目的

验证财务报表所列金额是否允当。

方法

A. 分析程序。

B. 细节测试。

3 / 控制测试的要点

(1)执行控制测试的方法

当会计师了解到受查公司已经具备了内部控制制度和管理流程，且初步判断内部控制可以信赖时，会计师会进一步深入查核公司所订立的各项规则是否被有效遵守；若会计师发现受查公司内规薄弱，就无须再深查遵守程度，而要直接加强对交易凭证的查核，即所谓的实质性程序。

控制测试，可以通过两种方法来进行：其一是交易抽查，其二是功能抽查。

所谓交易抽查，是针对一项交易从头至尾的全部处理过程，抽查其是否按自定义的规则执行。例如查核销货交易遵行情形，应从客户下订到货物出厂、记入销货账至收回应收账款，查核各相关部门在其作业范围内有无遵照既定作业程序及进行必要的审核。功能抽查，是就某一单独控制功能，而非交易的全部过程予以抽查，例如前述查核销货交易控制情形中，只针对接单授信的作业是否符合规定进行抽查。两者的差异可以以“火车检验”来打比方。如果要验证车厢与车厢间的联结是否牢靠，须使用交易抽查做全面性的查核；如果要验证单一车厢的功能是否妥善，则须使用功能抽查。由此可知，交易抽查所费的功夫大于功能抽查。而一个完整的控制测试必须对这两种方法都予以执行，才不至于遗漏重点。

（2）交易循环的控制重点

在介绍如何执行交易抽查及功能抽查前，必须先了解公司有哪些交易循环、哪些控制重点。公司全部的营运活动，大致可归纳为十大交易循环，分别是：销售及收款循环、采购及付款循环、生产循环、工薪循环、融资循环、固定资产循环、投资循环、管理控制循环、信息系统循环、研发循环。每个交易循环在不同公司的作业程序上或有差异，但都有五个不可或缺的主要控制重点。

①发起。

例如：购置一件物品或资产，一定是由某人提出申请采购事项，重大事项甚至是由董事会提议，这就是交易的发起。

②核准。

提出申请的事项要经过权责主管批准。至于要经过多高级别的权责主管，则是依据公司授权政策或是《中华人民共和国公司法》有关规定而定。

③执行。

权责主管批准了上述的申请事项，则会发交办理单位，例如：采购申请被批准后，采购单位需按申请条件执行诸如询价、议价作业，并经采购单位权责主管核准后，执行订单的采购作业。

④保管。

资产购入后应得到适当的保管，例如：存货应有专人负责，将其保管于安全措施良好的仓库，固定资产则交由使用部门保管等。

⑤记录。

资产购入后，应立即由会计部门依据供货商凭证及相关部门核准的内部文件登载入账。

经上述说明，我们可以更清楚地了解交易循环内部控制的测试，即要验证主要控制重点是否具有下列功能：

*有无适当的职能区分。也就是一笔交易最好由不同的五个人分别负责发起、核准、执行、保管、记录。

*资产有无受到良好的管制，即不易被盗用。

*事务历史记录是否适当。包括外来凭证、记账凭证及账簿的记录是否正确，并经核准。

*有无适时勾稽比较。也就是将资产的实体与记录互相比较，盘点是最好的方法。

（3）交易抽查执行入门

不论是何种交易流程，其控制重点不外乎五项：发起、核准、执行、保管、记录。查核的重点就在于检查这五个控制点是否具有相应的功能，且执行过程是否可预防舞弊发生或侦测及更正已发生的舞弊。下面以销货与采购为例，说明查核的方向及重点。

例一：销货的交易流程及测试重点。

①客户下订（发起）。

是否保存客户发出或确认的订单。

②公司征信（核准）。

是否稽查该客户的信用，并形成记录。

③销售通知（核准）。

是否经业务人员核准出货。销货通知的内容是否与客户名称及客户订单相符。

④出货（执行及保管）。

A. 是否依据核准的销售通知出货，实际出货的数量、品项与销货通知是否相符。

B. 货品离仓时是否经仓管人员在出货单上签章放行。

⑤开立发票（执行）。

是否随货开立发票。发票对象及品名、数量是否与出货单内容相符。

⑥入账（记录）。

会计是否依据出货单及发票审核验算销货收入及成本金额。是否将金额记入销货簿、存货簿及应收账款分类账。应收账款户名是否与发票相符。

例二：采购的交易流程及测试重点。

①权责单位请购（发起及核准）。

是否由权责单位申请采购并经权责主管核准。

②采购单位采购（执行及核准）。

是否依据核准的请购单执行采购。询价、议价、供货商、交易条件等是否经核准。

③验收（执行及保管）。

是否备有验收单。是否确实点验收。

④取得发票（执行）。

是否随货收取发票。发票对象及品名、数量是否与验收单、采购单、请购单内容相同。

⑤入账（记录）。

会计是否依据验收单及发票审核验算金额。是否将金额记入日记簿、进货簿、总分类账，及应付账款分类账。

上述的测试，是对一项交易自发起至入账逐一了解是否有适当的规则防止错误或舞弊的发生，或有及时侦测及更正的功能。根据测试结果，来判断公司内部会计控制是否可以信赖。

（4）功能抽查执行入门

采用功能抽查的测试，系就某一控制活动加以抽查，下面用两个例子进行说明。

例一：销货交易流程范例。

仍以前述销货交易流程为例，可就受订、征信、销货通知、出货、开立发票、入账等作业，分别测试其处理过程是否符合规定。现以征信及出货为例，说明功能抽查该如何着手。

①征信。

A. 新客户是否按规定方式确实征信。

B. 老客户是否按规定定期查询信用变化状况。

C. 是否因信用状况不同而制定不同的授信政策。

D. 核准者是否具备决策权限。

②出货。

A. 仓管是否签核放行。

B. 出货后是否立即扣除库存量。

C. 出货单是否连续编号并按日期先后次序使用。

D. 出货单品项、数量是否与销货通知相符。

E. 作废的出货单是否妥善归档。

F. 是否经收货人签收。

例二：采购交易流程范例。

若以采购交易流程为例，亦可分别对请购、采购、验收、取得发票及入账等测试其处理过程是否符合规定。现以采购及验收为例，说明功能抽查该如何着手。

①采购。

A. 是否需经过询价程序。若是，有无执行。

B. 是否标注请购单编号。

C. 有无经过经办人及权责主管签核。

D. 采购单是否连续编号，并按顺序使用。

E. 作废的采购单是否妥善归档。

②验收。

A. 是否经适当人员（如仓管员、技术员、总务等）点验收。

B. 点收方式是否严谨。（一般而言，验收单上不注记采购量，有助于确实点数）

C. 是否经点验收人员签核。

D. 验收单是否连续编号，并按顺序使用。

E. 作废的验收单是否妥善归档。

（5）完成控制测试

控制测试是就各个交易循环的控制重点、控制活动等进行查核，对于不常接触公司实务运作的人，最困难的就是找到控制重点，以及各循环中交易流程的承接。快速入门的方法有两种：其一为询问公司适当人员；其二为阅读公司书面会计制度，以此来协助了解公司各个交易循环。

会计师完成控制测试后，将实施实质性程序，若某项交易的缺失、弱点很多，则表明该交易的作业流程中预防错误、舞弊，或发现错误、更正错误的功能效果差，会计师会做出不宜信赖内部控制的决定，因而将加强该交易的实质性程序核查力度。例如：存货采购循环的内部控制缺失甚多，会计师决定不信赖存货的内部控制，而加强对购料的证实查核，如核对发票，付款情形，存货盘点，验算存货汇总的加、乘计算等；相反地，当会计师评估内部控制情形良好，决定拟信赖某项交易的内部控制，将会缩小实质性程序的范围，降低深度。

4 / 实质性程序执行要点

实质性程序是用以验证报表所列金额是否允当的一种方法，其执行方式可分为分析程序和细节测试。下面就来了解这两种方法的基本概念。

实质性分析程序执行入门

（1）基本概念

实质性分析程序主要是运用各种信息比例或金额的变化，来判断是否需要执行更深入的查核。此种查核方式仅可指引查账人员对某种交易或科目，做出是否需要搜集更多信息以验证对错的判断，并无法直接发现有无错误隐藏于报表中。

例如：某公司毛利率本年度为30%，上年度为50%，差异达40%，这会引起我们的注意，即需要对销货收入及销货成本这两个科目进行深入查核。查核后，可能发现确有错误，须予以更正；也可能没有错误，仅是某些因素的改变所致。反之，若两个年度差异不大，则可能引导我们做出应无重大误漏发生的判断而不予深入查核，但实际上仍可能有重大错误发生，只是被某些巧合的因素抵消了。至于比较结果的差异达到多大才须深入查核，则必须就公司性质或交易性质而定。

（2）最常采用的复核方法

目前，一般公司最常采用的复核方法包括以下四种。

①本期财务信息与前期相关信息作比较。

常用的分析项目及计算公式如下：

A. 财务结构。

负债比率 = 负债总额 / 资产总额

长期资金占固定资产比率 =（股东权益净额 + 长期负债）/ 固定资产净额

B. 偿债能力。

流动比率 = 流动资产 / 流动负债

速动比率＝（流动资产－存货－预付费用）／流动负债

利息保障倍数＝所得税及利息费用前利润／本期利息支出

C. 经营能力。

应收款项周转率＝销货净额／各期平均应收款项（包括应收账款与因营业而产生的应收票据）余额。

平均收现日数＝365／应收款项周转率

存货周转率＝销货成本／平均存货额

平均售货日数＝365／存货周转率

固定资产周转率＝销货净额／固定资产净额

总资产周转率＝销货净额／资产总额

D. 获利能力。

资产报酬率＝所得税及利息费用前利润／平均资产总额

股东权益报酬率＝净利润／平均股东权益净额

净利润率＝净利润／销货净额

每股收益＝（净利润－特别股股利）／加权平均已发行股数

②与同类企业间相关信息作比较。

即就上述各项分析项目，与业务性质类似的同类企业比较，看有无异常。选择同类企业时，应注意产品的定位，例如：同为制衣业企业，订单式生产的厂商，其存货周转率很有可能大于计划性生产的厂商。

③实际数与预算数作比较。

此法适用于有严谨的预算制度并有效执行及检讨的公司。

④研究财务信息与非财务信息的关系。

例如：分析产量与机器小时的关系，或营业额与人员数（人均产值）的关系等。

（3）分析后发现异常的处理

当发现某交易或科目的金额变化已达设定的应予分析的标准时，我们应请公司说明异常原因，并判断该原因是否合理。

实务上，一位经验不足的查账人员在执行实质性分析程序时，对异常的变化往往仅听信公司负责人员的说明，而没有查证、判断其说明是否合理就做出未有不当的结论，这是很草率的做法。

例如：薪资费用大幅增加，公司的说法是人员增加及调薪，查账人员最草率的做法就是仅记录公司的说法，就得出结论认为该说法合理。稍经训练的查账人员会针对公司说法，验证新增薪资金额与调薪幅度，判断其是否为异常变化的主因。若是老练的查账人员，则会比较两期的人均产值，判断有无异常，甚至会去了解整体产业发展情况，如果整体产业呈衰退状况，而公司却逆势成长，就需要去深究原因再来判断人员增加或调薪是否实际存在。

细节测试执行入门

（1）基本概念

细节测试是直接就交易的过程和结果进行查核验证，例如欲查证财务报表所列期末固定资产余额，则可以对其期初金额、本期增减及期末余额，通过核对上期报表所列余额、抽查本期交易凭证及实施盘点等方式做一番查核，以确认期末余额有无重大错误，或是否符合《企业会计准则——基本准则》的规定。此种验证方式可以直接查出已发生的错误，但所耗费的成本较实质性分析程序更高。

（2）验证财务报表余额是否符合《企业会计准则——基本准则》的释例

5项条件	查核方法释例
①存在或发生。 指在报表日，财务报表所列资产及负债是确实存在且正确入账的，亦即财务报表组成要素无高估的情况	A. 观察资产实体，如盘点存货、设备、现金等 B. 寄发函证给债权人及债务人 C. 检查合约及价金收付情形
②完整性。 指在报表日，所有有关的交易事件都已包括在财务报表中，亦即财务报表的组成要素无低估的情况	A. 测试作业截止点的入账情形，如相关损益及资产负债有无误列至下年度 B. 函询律师有无应入账或有事项 C. 查询公司股东大会或董事会会议记录，检查有无漏列交易

（续表）

5项条件	查核方法释例
③权利与义务。 指在报表日，财务报表所列资产，公司均具有权利；所列负债，公司均负有义务	A. 检查相关交易凭证，如合约、发票等 B. 测试作业截止点的入账情形 C. 查询有无记存非属公司资产
④评价或分摊。 指在报表日，财务报表所列资产、负债、收入及支出等组成要素已按适当的金额列示。 例如：应收账款应评估备抵呆账、固定资产应提列折旧及应有的减损，及存货应计提跌价损失等	A. 检查交易凭证计价情形 B. 询问并自行计算所有需估计或分摊的会计科目 C. 函询专家，如精算师、工程师、财经专家等 D. 核查账列科目余额的正确性
⑤表达及揭露。 指在报表日，财务报表的组成项目已被适当地分类、说明并且揭露。 例如：已作为长期借款质押的银行存款、已无法正常使用的厂房等，是否重新分类至正确科目	A. 询问或函询有关资产抵押的情形 B. 函询律师有无应揭露的或有负债 C. 检查资产负债性质归属流动或非流动类别的正确性 D. 查询关联交易

第五章

资产及负债查核重点

1 / 资产

就字面意思来说，资产对企业而言是一种能创造利益的资源，对个人而言是财富的象征。因此不论是企业还是个人，可能以虚增资产的方式美化经济能力，以获取他人信任进而谋求更多的资源；反之，可能以低列资产的方式隐藏经济能力，以避免某些义务，最常见的情况是为了逃漏税捐而低列资产。因此，查账人员执行查核工作时，对资产虚增或漏列的情形都应该有所警觉。

2 / 资产的定义

（1）根据相关准则解释资产的定义

《企业会计准则——基本准则》（2014年修订）第三章第二十条规定："资产是指企业过去的交易或者事项形成的、由企业拥有或者控制的、预期会给企业带来经济利益的资源。"

"企业过去的交易或者事项"包括购买、生产、建造行为或其他交易或者事项。预期在未来发生的交易或者事项不形成资产，例如购买存货的意图并不符合资产的定义。

“由企业拥有或者控制”，是指企业享有某项资源的所有权，或者虽然不享有某项资源的所有权，但该资源能被企业所控制。

许多资产（例如应收款及不动产）与法定权利（包括所有权）有关。只是决定资产是否存在时，所有权权利并非必要。例如，融资租赁的租赁物为承租人的资产。

“预期会给企业带来经济利益”，是指直接或者间接导致现金和现金等价物流入企业的潜力。

资产所含的未来经济利益可能以多种方式流入企业，例如资产可单独或与其他资产一并用以生产供企业销售的商品或劳务，交换其他资产，用以清偿负债，分配给企业业主。

许多资产具有实体形式，例如不动产、厂房及设备等。只是实体形式对资产是否存在并非至关重要。

支出的发生与资产的产生之间具有紧密关联，但两者并不必然同时发生。因此，当企业发生支出，并非必然符合资产的定义，而可能将此项支出确认为费用。同样地，无相关支出时亦可能取得一项资产，例如，企业受赠的设备可能符合资产的定义。

（2）实务与理论对资产认定的差异

所谓“未来经济利益”，是指获得的标的物，其所能提供的效益不仅止于当年度。

例如：购入的一台计算机，在未来三五年内都可以使用，所以其具有未来经济利益流入的特质，应确认为资产。而支付给员工的当月薪水，效益仅止于这个月，则不属于资产。

然而，若是购买一台数百元的计算器，其预期可使用年限可能比计算机还久，这符合资产的定义，也要列入资产吗？

《企业会计准则——基本准则》（2014年修订）第二章“会计信息质量要求”第十七条对上例计算器之会计处理有明确的指引：“企业提供的会计信息应当反映与企业财务状况、经营成果和现金流量等有关的所有重要交易或者事项。”

简单地说，对所发生的交易事项记账错误或不当，不致造成经营者或债权人据此作出不当的判断，该等错误即属不重大；否则，即具有重要性。

因此，一般企业对资产的认定，除需具有未来效益外，还订立有金额标准，此为应用重要性的例子。至于重要性金额标准的设定，无法明确统一的量化标准，通常是视公司规模而各有不同—— 一台六万元的计算机对资本额五亿元的公司与对资本额五十万元的公司而言，其重要性是不同的。

目前，中国台湾的许多公司在设定重要性金额标准时，是参考台湾地区《营利事业所得税查核准则》的有关规定："营利事业修缮或购置固定资产，其耐用年限不及二年，或其耐用年限超过二年，而支出金额不超过新台币八万元者，得以其成本列为当年度费用。"

不过，这样的规定与税务有关，企业以此设定重要性，显然不适当。因此，公司应依照管理上的需求设定适当的重要性金额并订立于公司会计政策中。

3 / 资产项目错误类型与查核方法

资产项目误述的类型，较常见的有资产高计、低计及分类不适当。资产记录错误，严重者会造成经营决策或财务分析的误判，恶意误述者更是会坑害无数投资人。近几年，不论在国内还是国外，都有一些“地雷股”上市公司利用虚增资产、隐藏负债的手法骗取投资人投资后宣告破产的案例。

公司经营活动千变万化，所以查核方式也须视情况而有所变通。我们唯有多充实经验、了解产业状况、抱持专业与怀疑的态度才能拆除“地雷”，以下是资产项目错误列计的几种类型与会计师可能使用的查核方法。

错误类型	可能的查核方法
（1）资产高计或低计	
①误将损益类列为资产类	A. 复核公司会计政策对资产的定义 B. 抽查列为资产项目的交易，例如不动产厂房及设备、无形资产、预付费用及暂付款等，是否不具有经济效益而应转列为当期费用。特别是预付费用、暂付款，经常有发生多年但久未结案，或是以往未取得凭证的交易，这可能是错账，也可能是舞弊的情形 C. 实际盘点或观察使用情形。例如已过时停用的会计软件因没有未来经济利益，应自资产项目转列为损益项目。或是存货库存数量少于存货账面数量，这可能是错账，也可能是舞弊的情形 D. 对无形资产项目特别予以查核。例如开办费不具有资产特质，应全数转为损益项目。专利权时效已过期，应全数转为损益项目
②误将资产类列为损益类	A. 抽查金额超过资产设定标准的修缮费、杂项购置及其他费用，判断是否有将其转列为资产项目的必要 B. 查核利息支出中是否有需资本化的情形

（续表）

错误类型	可能的查核方法
（1）资产高计或低计	
③漏计或虚增资产	A. 自账簿查至合同、交易凭证(发票或收据等)及付款凭单，以查核资产是否实际存在 B. 实际盘点资产，如现金、投资、存货、应收票据、固定资产等 C. 函证。对如银行存款、应收账款、存放在外资产等执行函证程序 D. 自银行对账单、合约、验收单等查至账簿，以判断有无漏计资产 E. 查核存出保证金、暂付款等项目中是否有应按公允价值计量入账的衍生性金融资产 F. 阅读公司董事会、股东大会会议记录，判断是否可能漏计需以公允价值计量的衍生性金融资产，或任何其他种类的资产。通常公司进行衍生性商品交易，初期仅需缴纳小额保证金，公司账上也仅有保证金支出的记录，但该商品链接所产生的未实现利益或损失，金额可能重大，应依会计原则判断是否需入账，但公司经常漏做检查，而发生漏列此类资产或负债的情形 G. 截止测试。对如存货、应收账款、自入库单、货单、验收单等资产，查核其年度结束日前后数十笔交易，确认有无入账年度归属不当的情形
④金额错误或不允当	A. 自行再计算。对坏账、折旧、摊销、减值损失、汇率换算或其他计算项目等，自行重新计算，以验证账面金额的正确性 B. 查询资产目前的状况，例如存货质量、应收账款账龄等，以评估应计提的备抵跌价损失或备抵坏账是否允当 C. 查核减值损失的评估过程是否适当，包括不动产厂房及设备、投资、其他资产、无形资产等的减值 D. 查核须以公允价值计量的金融资产，以及其公允价值认定的合理性，判断是否存在金额低计或高计等不允当的情形 E. 查核原始入账金额是否依照会计准则确认，例如应利息资本化的项目，相关利息支出不应列为损益科目

（续表）

错误类型	可能的查核方法
（2）资产分类不适当	
①已供质押的资产，金额重大者未转列为其他金融资产	注意银行函证及借款合约。若已将存款、保证金等设定质押，应将其转列为其他金融资产
②重大关联交易未单独列示	取得关联方名单，并就重大关联交易进行查证

4 / 易高计或低计资产的可能情况

高计或低计资产的发生可能是无心之过，也有可能是故意造成的，其结果，将使公司产生“虚胖（瘦）”的现象。以下是几种常见、可能发生的高计或低计资产的情况。

* 公司准备申请股票上市或上柜。
* 公司财务状况不佳，亟须银行融资。
* 公司欲引进外资或洽谈合并。
* 管理层恶意掏空公司资产，为掩饰亏空。
* 职业经理人为取得绩效奖金夸饰业绩。
* 内部控制不佳，导致人为错误甚至舞弊。
* 意图逃税、漏税，刻意低计资产。

* 存在重大关联交易，且交易不符合独立交易原则。
* 会计人员专业能力不足，误用会计原则。
* 新准则发布适用，初期易产生认知错误。

5 / 负债

所谓负债，是指由过去的交易或事项引起的现有债务，这种债务需要企业在将来以转移资产或提供劳务的方式加以清偿，从而引起未来经济利益的流出。

某些诱因可能使公司隐瞒或虚列负债，相对于虚列负债，隐瞒负债比较不易察觉。如果公司刻意将负债以不法的方式隐而不宣，公司外部人员包括税务机关人员、会计师甚至监察机构人员等，很可能被蒙骗而不知，这是因为刻意隐藏而未浮现于财务报表上的负债，不似虚增列于账上的负债那样比较容易搜集证据来验证虚实，因此如何发掘漏列的负债，是查核工作的一大重点。

6 负债的定义

（1）《企业会计准则——基本准则》（2014年修订）第四章对负债的定义及相关解释

第二十三条：“负债是指企业过去的交易或者事项形成的、预期会导致经济利益流出企业的现时义务。

现时义务是指企业在现行条件下已承担的义务。未来发生的交易或者事项形成的义务，不属于现时义务，不应当确认为负债。”

负债是企业的现时义务，该义务必须以特定方式履行。义务可能为法定义务或推定义务。法定义务是依合同或法律规范的要求需予以履行的义务。推定义务是指由企业下列行为所产生的义务：基于过去惯例已建立的模式、已发布的政策，或相当明确的现有声明，企业向他方表明将承担特定的责任，或者企业已使他方对其将履行该等责任产生了有效预期。

现时义务与未来承诺需加以区分。义务通常仅发生于资产已交付或签订不可撤销的取得资产的协议时；承诺本身并不产生现时义务。例如，管理层决定在未来取得某资产，此项承诺并不产生现时义务。

第二十四条："符合本准则第二十三条规定的负债定义的义务，在同时满足以下条件时，确认为负债：

（一）与该义务有关的经济利益很可能流出企业；

（二）未来流出的经济利益的金额能够可靠地计量。"

有些负债仅可借由估计加以计量。例如，由保固责任产生的负债准备。

第二十五条："符合负债定义和负债确认条件的项目，应当列入资产负债表；符合负债定义、但不符合负债确认条件的项目，不应当列入资产负债表。"

（2）《企业会计准则第13号——或有事项（2006）》对负债的定义

第二条："或有事项，是指过去的交易或者事项形成的，其结果须由某些未来事项的发生或不发生才能决定的不确定事项。"

第四条："与或有事项相关的义务同时满足下列条件的，应当确认为预计负债：

（一）该义务是企业承担的现时义务；

（二）履行该义务很可能导致经济利益流出企业；

（三）该义务的金额能够可靠地计量。”

第八条：“待执行合同变成亏损合同的，该亏损合同产生的义务满足上述第四条规定的，应当确认为预计负债。

待执行合同，是指合同各方尚未履行任何合同义务，或部分地履行了同等义务的合同。

亏损合同，是指履行合同义务不可避免会发生的成本超过预期经济利益的合同。”

第十三条：“企业不应当确认或有负债……

或有负债，是指过去的交易或者事项形成的潜在义务，其存在须通过未来不确定事项的发生或不发生予以证实；或过去的交易或者事项形成的现时义务，履行该义务不是很可能导致经济利益流出企业或该义务的金额不能可靠计量。”

（3）负债的类型

由上述两点企业会计准则规范的负债包括负债、预计负债、亏损合同及或有负债（或有负债不确认为负债，但绝大部分需在附注中披露）。

负债与预计负债两者的差异在于预计负债未来支付的时点或金额不确定。

例如应付薪资、应付账款，其金额及支付时点是确定的，具备负债性质；而售后保固费用，其何时发生及发生的金额皆不确定，但符合负债的定义，属于预计负债，应确认为负债；亏损合同，为执行合同所将发生的不可避免的成本确定超过合同将可收取的收入，亦即损失确定发生，应确认为负债。

或有负债与预计负债两者的差异在于，或有负债未来并不一定发生，或义务金额无法充分可靠计量，且其是否发生，未能完全由企业控制。例如诉讼赔款，需法院裁定才能确定是否发生，属于或有负债，不得确认为负债。以下为一些不同的负债类型及说明：

事项	负债类型	说明
年终奖金	一般负债	过去事件所产生的义务；偿付的时间与金额均已确定，即使有些尚须估计，其不确定性相对于预计负债较小
年度结束前董事会通过关闭一事业部的决议，但尚未实施	不符合负债定义	并非过去事件所产生的义务，属于年度结束前无义务的事件，负债尚未发生

（续表）

事项	负债类型	说明
年度结束前董事会通过关闭一事业部的决议，详细计划已完成且已通知员工、客户及厂商	预计负债	过去事件所产生的现存义务；很有可能发生、金额能可靠估计，但未确定发生时点的负债
销售合约附有保固责任	预计负债	过去事件所产生的义务；很有可能发生、金额能可靠估计，但未确定发生时点的负债
诉讼很可能败诉	预计负债	过去事件所产生的义务；很有可能发生、金额能可靠估计，但未确定发生时点的负债
诉讼胜诉或败诉尚不明朗	或有负债	过去事件所产生的义务；其存在与否仅能由不确定的未来事项发生与否加以证实

7 / 负债科目的错误类型与查核方法

常见的负债错误情形，主要分为漏列或虚增负债、流动性与非流动性负债分类错误。

查核负债主要是遵照“应计基础”的会计原则，去判断是否有漏列或虚增的情形。但刻意被隐藏的负债，则需通过检查合同、重要文件，与公司管理层沟通，再配合向外界（如银行、律师等）函证，才可确认会计处理是否适当。

例如：公司当年度进行一税务诉讼，若输赢的机会各半，则补税义务属于或有负债，不需确认负债。但若公司仅想利用税务诉讼争取缓缴税金的时间，并无胜诉的可能，则不属于或有负债，查核人员应将其调整入当期的所得税负债。

负债的漏列，会直接导致公司高估财务状况。而长短期分类的错误，则易导致使用人员分析财务报表时判断错误。以下是负债漏列或分类错误的一些查核方法。

错误类型		查核方法
（1）负债高计或低计	①确认错误：负债类误列为权益类或权益类误列为负债类	检视股东大会及董事会会议记录关于发放股利的决议，若有应付未付的现金股利，则应列为负债项目；若有应付未付的股票股利，则应列于股东权益项下（因公司并无支付资产的义务，所以并非负债性质）
	② 漏列或虚增负债	A. 自账簿查至合同、交易凭证（发票或收据等）以查核负债是否实际存在 B. 取得重大交易合同、备忘录等，查核有无应计的保固负债或承诺负债 C. 函证。如向银行、律师、精算师等函证，确认负债金额是否合理，以及有无重大未决诉讼案 D. 自银行对账单、合同、验收单等查核至账簿，以判断有无漏列或虚增负债 E. 查核存出保证金、暂付款等项目，判断是否有应按公允价值计量入账的衍生性金融负债 F. 阅读公司董事会、股东大会会议记录，判断是否可能漏列需以公允价值计量的衍生性金融负债，或应披露的或有负债，以及任何其他种类的负债 G. 取得资产负债表日后的交易分录查核有无应确认于本期而误入下期的负债，如应付年终奖金、员工休假薪资和员工及董监事酬劳等 H. 查核账列应计负债期后支付金额，确认有无高计或低计负债

（续表）

错误类型	查核方法
（2）流动性与非流动性分类不当	A. 了解公司的营业性质，确认营业周期是否长于一年 B. 查核借款合同及交易情形，确认是否有违反合同特定条件，致使金融负债依约须即期予以清偿的情形，如有，则应改列为流动负债 C. 检查借款合同及银行函证，确认有无将于一年或一个营业周期内到期的负债 D. 递延所得税资产与负债，依据《企业会计准则——基本准则》规定，一律为非流动 E. 执行分析程序以了解各比率与以往年度相比是否有重大差异。例如流动比率、负债占总资产比率等

8 / 易高计或低计负债的可能情况

企业有美化财务报表的意图时，通常以低计负债的方式达成。而企业高计负债的主要原因之一是为了低计利润以降低税负，另外，企业负债也会因舞弊冒领而被高计。

以下是几种常见可能发生高计或低计负债的情况。

*公司准备申请股票上市或上柜。

*公司财务状况不佳，亟须银行融资。

*公司欲引进外资或洽谈合并。

*欲逃税、漏税。

*公司内部控制不佳，导致人为错误甚至舞弊。

*存在重大关联交易，且交易不符合独立交易原则。

*会计人员专业能力不足，误用会计原则。

*新准则发布适用，初期易产生认知错误。

第六章

资产类实质性程序

1 / 现金及现金等价物

查核目的

①账上所记现金及现金等价物确实存在且为公司所有，并被适当地记载。

②对于任何重大的现金及现金等价物使用受限制如被质押的情形，确认已适当重分类或披露于财务报表附注。

查核程序——实质性程序

①取得现金及银行存款的明细表，并与总分类账核对。

②依账户类型比较分析上期与本期的现金余额，分析变动的原因，调查有无重大异常的事项。

③选择重要的银行账户(不常使用的账户应每年轮流抽选)，就巨额收支，顺查至账簿记录及原始凭证，尤其注意结账日前后的重大存款进出，确认是否适当记录。

④自银行存款总分类账抽选摘要性质特殊、金额重大的交易，逆查至银行存款或对账单，确认是否为实际收支。

⑤函证所有银行账户（至年底已结清的账户仍应列为函证对象）并确定回函金额与账簿相符或调节后相符。

⑥函证或查核银行借据，确认有关银行存款或定期存款是

否已经被指定用途或受限制。若有，应将其重分类至其他金融资产。

⑦当银行函证回复与账列金额不符时，测试银行存款余额调节表的编制是否适当：

A. 加总调节表金额。

B. 查核调节表“银行存款账列余额”与银行存款工作底稿的勾稽关系。

C. 查核调节表“银行存款函证金额”与银行函证回函余额的勾稽关系。

D. 将在途存款及未兑现支票与账簿记录，及期后的银行对账单进行核对（若无期后的银行对账单，则针对金额重大的交易查核原始凭证）。

E. 查核金额重大或非寻常的调节项目。

⑧针对金额重大的外币银行存款，依资产负债表日的即期汇率折算，将所产生的未实现兑换损益与综合损益项下的换算损益项目进行核对。

⑨对定期存款做以下查核：

A. 盘点定期存单正本并函证银行，并注意有无提供质押的记录。

B. 超过三个月的定期存款，应转列为其他金融资产——流动或非流动。

C. 若已提供作流动负债的担保品，应转列为其他金融资产——流动。

D. 若已提供作长期负债的担保品，应转列为其他金融资产——非流动。

⑩以期末支票存根抽查核对，注意有无开出支票而未入账的情形。

⑪库存现金或定额备用金的查核：

A. 盘点库存现金，如有现金以外的项目，如员工借支、未兑现支票及未报销单据，均须叙明或调整。

B. 抽查存在巨额收支的原始凭证。

C. 取得保管人签名确认金额的库存现金保管条。

⑫将与银行存款相关的利息收入与利息收入扣缴凭单进行核对，若利息收入包括其他非属银行存款的发生项，应依发生性质执行查核，例如押金利息收入、同业借款利息收入等。

⑬核算应收利息，金额重大者应予以入账。

现金项目常见的美化手法

案例一

电动车及能源大厂特斯拉公司亏损重大，但其2016年第三季度的自由现金流（营业现金流扣除资本支出）出现净流入1.76亿美元，为2013年以来首见的现象。

仔细观察特斯拉公司财务报表中的细项数字，便可以发现其中充斥着财务运作的痕迹。特斯拉第三季度的应付账款与应计负债较第二季度时增加了超过6亿美元，增加幅度较大，使得该项会计科目占总资产的比重由原本的14% 上升到18% ，这代表其中有相当一部分金额可能被特斯拉刻意延后支付，其目的恐怕就是暂时减少现金的流出，以制造出自由现金流出现正数的假象。

会计师观点：

上述刻意延后付款的手法，不属于制造假账，可能是为了美化财务报表，也可能是财务操作，中国台湾有些大型企业，强势主导与供货商供货合约的签订，如验收后半年支付货款，至于何时验收完成，决定权在买方。这些大型企业以此方法延后支付货款，达到其财务操作的目的。因此若财务报表的现金流出现正数，虽然是刻意挤压出来的假象，不是正常情况下产生的正的现金流，但仍属于合法的财务运作，会计师查账发现此现象时，不会有任何调整，只是投资者要有能力判断该公司现金流是否窘迫。其他类似的美化财务报表的运作还包括出售尚未到期的应收账款、应收账款提前收取的现金折扣等，这些皆属于合法的财务运作。

案例二

在现金造假方面，史上功力最高、最知名的案例就属2004年的博达财务舞弊案。

台湾博达公司制造了假交易，产生了假应收账款，又将假应收账款卖给国外银行套取现金，银行评估这些应收账款的收现性时，限定这些现金必须存在该银行，并设限制条件——不能直接动用它们，要在博达公司的应收账款收到后才能动支。

会计师观点：

通常银行对会计师发出的函证，会特别注明是否限制使用。由于博达公司“神通广大”，买通银行，函证回函并无此注明，属于刻意欺骗。面对这种状况，会计师在有限的查核时间内很难发现账列现金不可自由运用，但这类欺诈一定伴随假的交易，有经验的会计师应该可以在查核其他项目时发现异常，进而怀疑相关的现金是否属实。正常情况下，会计师收到银行回函，除了核对金额外，应特别注意存款有无受限制，受限制的银行存款不属于现金，须转列到其他金融资产。此外，现金遭挪用后，为避免被揭穿，有些公司的做法是在接近年底时，向账户汇入等值被挪用的金额，使会计师查账时不出现现金缺口，但除非是实际补足缺额，否则这些公司会于次年年初再次将年底汇入的金额导出，因此本节的“查核程序——实质性程序”第③点特别强调“注意结账日前后的重大存款进出”，利用这一点可以判断是否有异常情况。

案例三

2016年，中国台湾的上柜公司铜箔基板厂华韡电子工业股份有限公司涉嫌通过虚设公司与海外子、孙及曾孙公司等掏空公司资产。

其常熟子公司在2011年4月间，汇给曾姓前董事长200万元人民币，但账上并未显示该前董事长与公司有任何借贷关系，这违反了相关法律。

会计师观点：

会计师可采用从银行存款顺查的方式，将银行对账单上的重大现金支出与账务进行核对，可以发现未入账的交易。若入账为放贷给关系人，应进一步查询放贷的核决程序，判断是否有异常情况。

2 / 应收票据及账款

查核目的

① 销货的截止归属期适当。

② 应收票据及账款确实存在且为公司所有，在资产负债表日无重大未入账的应收票据及账款。

③ 坏账准备计提适当。

④ 属资金融通或关联交易的应收款项已适当表达。

查核程序——实质性程序

① 取得应收票据及应收账款明细表，并与总分类账核对。

② 比较分析本期相对上期出现变动或差异的原因，并注意有无重大异常的情形。

③ 选取重大金额向债务人发询证函。

A. 对回函金额与账列金额不符的应收账款或票据执行替代查核程序，以取得合理的解释。

B. 对未回函者采用其他查核步骤验证余额（如核对期后收款或原始交易凭证）。

④ 查明结账日至查核截止日应收票据及应收账款的收回情形。

⑤ 取得期末应收票据及账款账龄分析表并执行下列步骤:

A. 检查应收账款(票据)账龄分级与会计政策是否相符。

B. 检查重大应收账款(票据)发生时间,以确定账龄归类正确。

C. 将应收账款(票据)各级账龄加总金额与总分类账金额进行核对。

⑥ 针对超过收款期限的账款(票据)执行下列步骤:

A. 与管理层讨论账款收回性,并查核重大或不寻常项目。

B. 评估过期账户计提的坏账准备是否足够或被转列为适当科目。

C. 评估坏账准备计提基础是否一致。

⑦ 注意有无关联交易,若有且金额重大,应将其转列为应收关联方账款(票据)。

⑧ 取得本期坏账准备变动表并执行下列步骤:

A. 将期初坏账准备金额与前期账列数进行核对,金额需相符。

B. 对于本期计提数需核对证明文件(例如账龄分析表),并确认计提与公司政策相符。

C. 将本期计提数与利润表的资产减值损失进行核对,金额需相符。

D. 复核冲销应收账款(票据)和坏账准备的有关文件是否经过核准,并追查其过账情形及核准是否适当。

E. 将期末坏账准备金额与总分类账进行核对,金额需相符。

⑨ 查明外币应收款已依规定核算未实现的兑换损益。

⑩ 属资金融通的应收款项，应自应收账款转列为其他应收款，并检视有无违反《中华人民共和国公司法》规定（如借贷给股东或任何他人的情形）。

⑪ 属资金融通的应收款项，其收取的利息收入，应与扣缴凭单确认金额相符，检视合同有关利率的规定，重新计算利息收入的正确性。

应收款项目常见的美化手法

案例一

2016年上柜公司铜箔基板厂华韡电子工业股份有限公司涉嫌通过虚设公司，与海外子、孙公司等掏空公司资产。

华韡开曼账上的其他应收款中，对惠州的曾孙公司就有高达721.48万美元应收款未收回，另在坏账部分：华韡2008年对子公司荣桦与2009年对子公司广信冲销的应收账款坏账准备分别为4713.57万元新台币、1316.8万元新台币。

会计师观点：

由于冲销应收账款的坏账准备必然记载于账上，会计师可以很轻易地发现有此会计记录，对关联方坏账予以冲销，通常是不寻常的，背后很可能是一笔假的销货交易，即其相对应的应收账款根本无法收回，只能以冲销坏账的方式解决。

案例二

2004年升技计算机公司以应收账款作为对子公司的出资，溢价购入子公司股权，却于同年年底大提长期投资跌价损失，损失金额高达44亿元新台币，损失率达七成，疑似高溢价购入股权的掏空案。

会计师观点：

公司以资产作价投资，应特别注意该资产的真实性及其应有的价值，有些公司为了弥补账务缺口，以不实资产或高估价值的资产作为切入点。此外，对于重大的投资案，公司应交代交易价格是否合理，并应依规定备妥证明价格合理性的专家报告，会计师应取得该份报告，并详细了解其评价过程，以确认评价结论是否可信。

3 以公允价值计量且其变动计入当期损益的金融资产——流动

查核目的

① 所有金融资产均已入账、金融资产的存在是有效的，而且是属于公司的财产。

② 金融资产后续已按公允价值计量，且会计方法一致。

③ 相关的投资损益、处分损益已适当入账。

④ 性质属流动资产或非流动资产，已适当分类。

查核程序——实质性程序

① 取得本期增减变动明细表，将期初及期末余额与总分类账进行核对。

② 比较分析本期相对上期出现变动或差异的原因，并注意有无重大异常情形。

③ 检查账列本科目者是否为以下两类：

A. 持有该金融资产的目的是交易性的，系短期内出售或再买回。

B. 原始确认时被指定以公允价值计量且其变动计入当期损益的金融资产。

④ 实地检视及盘点有价证券正本，或向第三者保管人函证，若采用集中保管有价证券的方式，可核对集中保管存折的余额明细。

⑤ 取得有关投资用于提供担保、质押、受有约束或限制的数据。若所保证负债为长期，则该投资应转列为非流动项下。

⑥ 本期新增的投资，应与董事会会议记录及交易凭证进行核对，确认入账金额的正确性。

⑦ 收到被投资公司以盈余公积或资本公积转增资本配股时，不列为投资收益，应于除权日注记股数增加，并按收到配股后的总股数，重新计算每股成本或每股账面价值。

⑧ 处分投资的损益应与相关交易凭证进行核对，并按照会计账上的成本重新计算损益是否正确。

⑨ 查核期末余额是否按公允价值计量：

A. 若为上市（柜）公司股票或基金，以资产负债表日的收盘价或基金净资产价值为公允价值，验算其正确性。

B. 若为非上市（柜）公司股票或基金，应采用专家评价报告，以验算公允价值的适当性。

公允价值变动产生的损益，应与营业外损益项下的金融资产损益进行核对，并验算其金额是否正确、适当。

⑩ 非属流动性质的金融资产应转列为“以公允价值计量且其变动计入当期损益的金融资产——非流动”。

⑪ 检查账列记录，原始确认于此科目的金融资产，后续

不得随意重分类为其他类别的金融商品；若企业改变其管理金融资产的业务模式，则再检查重分类的会计项目及金额是否正确。

⑫ 检查账列记录，原不属于此科目的金融资产，后续不得随意重分类为此类金融资产；若企业改变其管理金融资产的业务模式，则可转列为本科目。

⑬ 相关的股利收入，应与股利凭单及损益项下的股利收入项目进行核对。

⑭ 本期实际发生的投资损失，应与被投资事业的减资、清算证明文件或其他足资证明发生损失的文件进行核对。

4 以公允价值计量且其变动计入其他综合收益的金融资产——流动

查核目的

与“以公允价值计量且其变动计入当期损益的金融资产——流动”的查核目的相同。

查核程序——实质性程序

① 取得本期增减变动明细表，将期初及期末余额与总分

类账进行核对。

② 比较分析本期相对上期出现变动或差异的原因，并注意有无重大异常情形。

③ 实地检视及盘点有价证券正本，或向第三者保管人函证，若采用集中保管有价证券的方式，可核对集中保管存折的余额明细。

④ 取得有关投资用于提供担保、质押或受有约束或限制的数据。若所保证负债为长期，则该投资应转列为非流动项下。

⑤ 本期新增的投资，应与董事会会议记录及交易凭证进行核对，原始确认的成本应加计取得金融资产的交易成本。

⑥ 收到被投资公司以盈余公积或资本公积转增资本配股时，不列为投资收益，应于除权日注记股数增加，并按收到配股后的总股数，重新计算每股成本或每股账面价值。

⑦ 本期处分以公允价值计量且其变动计入其他综合收益的金融资产，应检视交易凭证并按照会计账上成本重新计算，确认处分损益的正确性。

⑧ 本期处分以公允价值计量且其变动计入其他综合收益的金融资产，应检视以前确认于其他综合损益项下的金额，确认其是否按出售比率重分类至损益项下。

⑨ 查核期末余额是否按公允价值计量：

A. 若为上市（柜）公司股票或基金，以资产负债表日的收盘价或基金净资产价值为公允价值，验算其正确性。

B. 若为非上市（柜）公司股票或基金，应采用专家评价报告，以验算公允价值的适当性。

⑩查核期末余额是否评估减值，若有减值的客观证据，应检查原已确认于其他综合损益的损失准备是否计入当期损益。

⑪ 检查账上分类为权益工具的以公允价值计量且其变动计入其他综合收益的金融资产，已确认为损益的减值损失，其公允价值若有回升，不得通过损益回转。

⑫ 检查账上分类为债券工具的以公允价值计量且其变动计入其他综合收益的金融资产，已确认为损益的减值损失，其公允价值若有回升，原已确认的减值损失应在原来计提减值准备的范围内予以回转。

⑬ 非属流动性质的本项目金融资产应转列为“以公允价值计量且其变动计入其他综合收益的金融资产——非流动”。

⑭ 相关的股利收入，应与股利凭单与损益项下的股利收入项目进行核对。

⑮本期实际发生的投资损失，应与被投资事业的减资、清算证明文件或其他足资证明发生损失的文件进行核对。

5 / 以摊余成本计量的金融资产

查核目的

① 所有金融资产均已入账，金融资产的存在是有效的，而且是属于公司的财产。

② 资产原始确认与后续计量采取成本模式，并已适当入账。

③ 相关的投资损益、处分损益已适当入账。

查核程序——实质性程序

① 取得本期增减变动明细表，将期初及期末余额与总分类账进行核对。

② 比较分析本期相对上期出现变动或差异的原因，并注意有无重大异常情形。

③ 确认账列本项目的皆是投资于无活络市场公开报价的权益工具，或与此种权益工具结合且须以交付该等权益工具为目的的衍生工具，其公允价值无法可靠计量。

④ 实地检视及盘点有价证券正本，或向第三者保管人函证，若采用集中保管有价证券的方式，可核对集中保管存折的余额明细。

⑤ 取得有关投资用于提供担保、质押或受约束、限制的数据。若所保证负债为长期，则该投资应转列为非流动项下。

⑥ 本期新增的投资，应与董事会会议记录及交易凭证进行核对，原始确认的成本应加计取得金融资产的交易成本。

⑦ 收到被投资公司以盈余公积或资本公积转增资本配股时，不列为投资收益，应于除权日注记股数增加，并按收到配股后的总股数，重新计算每股成本或每股账面价值。

⑧ 将处分投资的损益与相关交易凭证进行核对，并按照会计账上成本重新计算损益是否正确。

⑨ 查核期末余额是否评估减值，若有减值的客观证据，应确认减损损失，后续若减值金额减少，不得回转。

⑩ 相关的股利收入，应与股利凭单及损益项下的股利收入项目进行核对。

⑪ 本期实际发生的投资损失，应与被投资事业的减资、清算证明文件或其他足资证明发生损失的文件进行核对。

6 / 采用权益法的长期股权投资

查核目的

① 所有金融资产均已入账，金融资产的存在是有效的，而且是属于公司的财产。

② 资产的原始确认与后续计量已适当入账。

③ 该资产产生的相关损益已适当计入损益科目或其他综合损益科目。

查核程序——实质性程序

① 取得本期增减变动明细表，将期初及期末余额与总分类账进行核对。

② 比较分析本期相对上期出现变动或差异的原因，并注意有无重大异常情形。

③ 实地检视及盘点或向第三者保管人函证期末所持有价证券，确认其所有权。

④ 取得有关投资用于提供担保、质押或受约束、限制的数据。

⑤ 检查是否采用权益法计量，查核资产是否确实具有重大影响力：

A. 直接或间接持有被投资公司表决权力20%以上的股份，推定具有重大影响力，但能明确证明不具有重大影响的除外。

B. 对被投资公司具有可行使的潜在表决权，应计入具有表决权的范畴，并判断是具有控制能力，还是具有重大影响力。

C. 其他实质具有重大影响力的条件。

⑥ 对本期购买取得者的查核程序:

A. 检查公司会议记录及交易凭证是否以投资日的投资成本入账。

B. 取得被投资公司的公允价值评估报告。

C. 投资成本高于被投资者净资产公允价值的数额，为隐含在投资账面金额的“商誉”。

D. 投资成本低于被投资者净资产公允价值的数额，应于依权益法确认当年度投资损益份额时，加计确认该利益。

⑦ 本期增加投资。原确认为金融资产的投资变更为具有重大影响力的投资:

A. 将增加投资的金额与公司会议记录及交易凭证进行核对。

B. 是否按取得重大影响日金融资产的公允价值转为权益法下的投资成本。

C. 金融资产的公允价值与账面金额的差额是否确认为损益。

D. 追溯以前年度应按权益法确认的权益，自原始投资日追溯至转列日。

⑧ 处分投资。处分投资后仍具有重大影响力的查核程序：

A. 将处分投资的金额与公司会议记录及交易凭证进行核对。

B. 计算处分损益金额是否正确，并查核其与营业外处分资产损益的勾稽关系。

C. 先前已确认为其他综合损益的利益或损失，依持股减少比例重分类至损益，查核计算是否正确。

D. 因处分投资，使投资比例增加或减少致投资成本与股权净值发生变动，应据其变动数调整投资的账面金额及权益项目。

⑨ 处分投资。处分投资后丧失重大影响力的查核程序。

A. 将处分投资的金额与公司会议记录及交易凭证进行核对。

B. 计算处分损益金额是否正确，并查核其与营业外处分资产损益的勾稽关系。

C. 处分投资后剩余投资是否按公允价值计量并确认金融资产的成本。

D. 上述剩余投资按公允价值计量的金额，与原账面金额的差额转为损益的金额是否正确。

E. 先前确认于其他综合损益中与该投资有关的所有金额，转列损益的金额计算是否正确。

⑩ 关联企业办理现金增资，投资公司未认购致投资比例

减少的查核程序：

A. 被投资者的股权净值发生增减，应据其增减数调整投资的账面金额及权益项目（资本公积），查核计算是否正确。

B. 先前已确认为其他综合损益的利益或损失，依减少比例重分类至损益的金额，查核计算是否正确。

⑪ 权益法会计处理的查核程序：

A. 对被投资者损益的份额确认为损益。

a. 取得被投资公司经会计师查核签证的财务报表或自结报表。

b. 按上述被投资公司的财务报表计算当年权益法确认的投资损益是否正确。

B. 对被投资者其他综合损益的份额，确认为其他综合损益，并调整其投资的账面金额。

C. 对被投资者所收取的分配（股利），核对股利凭证并应减少其投资的账面金额。

D. 评估减损，若有减值迹象，执行减值测试。

E. 注意下列与具有重大影响力被投资者的交易。

a. 顺流交易：未实现损益应按期末持股比例抵销。若该等资产的净变现价值有减值损失的证据时，应全额确认损失。

b. 逆流交易：未实现损益应按约当持股比例抵销。若该等资产有减值损失的证据时，应确认其份额。

c. 侧流交易：若投资者对产生交易的各被投资者并非均具控制，各被投资者间未实现损益，应按投资者持有各被投资者约当持股比例相乘后的比例抵销。

F. 投资损失份额超过投资账面金额。

a. 应停止确认进一步损失的份额。

b. 企业对关联企业的权益减至零后，仅于企业已发生法定或推定义务，或已代关联企业支付款项的范围内，计提额外损失并确认负债（权益法投资贷余金额转列为负债）。

c. 承a或b项所述，若关联企业后续产生利润，企业仅在利润的份额填补完先前未确认损失的份额后，才重新恢复确认利润的份额。

G. 注意被投资公司有无下列事项，并调整投资公司的资本公积。

a. 新增减的资本公积。

b. 新增减的其他综合损益。

采用权益法的长期投资项目常见的美化手法

案　例

2006年股票上柜的主板厂商磐英科技股份有限公司董事长指示公司职员先后在香港成立多家“纸上公司”，这些公司均由磐英公司掌控，但实际上并没有营业纪录。磐英公司通过虚假下单、购买原材料等方式，与这些“纸上公司”进行虚假交易，最终，磐英公司遭掏空两亿四千余万元。

会计师观点：

对于关联方交易，会计师应特别留意交易的实质性、交易价格的合理性。本案例是上柜公司向关联方进货，而该关联方为“纸上公司”，无实际营运。会计师对与“纸上公司”的交易，应特别查询交易的必要性及交易价格的合理性，因为很多舞弊就是在与“纸上公司”不合理的交易（高买资产或低卖资产）中发生的。

7 / 存货及成本（制造业、商业）

查核目的

① 存货金额确实存在且属于公司财产。

② 存货计价符合会计准则，且前后一致。

③ 对于存货中跌价、毁损的货品，业经辨明，并适当地计提存货跌价准备。

④ 存货中充作抵押或质押的货品，皆需经确认，以便揭示于财务报表附注。

⑤ 销货成本的确认符合配比原则。

查核程序——实质性程序

① 取得存货明细表及销货成本表，将金额与总分类账进行核对。

② 比较分析本期相对上期出现变动或差异的原因，并注意有无重大异常的情形。

③ 执行存货抽盘程序。

④ 对制造业销货成本表的勾稽查核程序：

A. 原料的勾稽查核。

a. 将期初原料金额与上期资产负债表的期末原料金额及原料进耗存明细表的期初存料金额进行核对。

b. 将本期进料总金额与原料进耗存明细表的全年进料总金额进行核对。

c. 将期末原料金额与本期资产负债表的期末原料金额及原料进耗存明细表的期末存料金额进行核对。

d. 将本期原料总耗用金额与原料进耗存明细表的全年耗用总金额、产成品单位成本分析表的原料耗用总金额及直接原料明细表的总金额进行核对。

B. 产成品的勾稽查核。

a. 将期初产成品金额与上期资产负债表的期末产成品金额及产成品产销存明细表的期初产成品金额进行核对。

b. 将期末产成品金额与本期资产负债表的期末产成品金额及产成品产销存明细表的期末产成品金额进行核对。

c. 将本年度制造成本总金额与产成品产销存明细表的本期产出总金额进行核对。

C. 销货成本的勾稽查核。

a. 查核与综合损益表的销货成本金额的勾稽关系。

b. 查核与产成品产销存明细表的销货总成本的勾稽关系。

⑤ 原料进耗存明细的抽查：选择数个品项抽查。

A. “入”部查核：抽查数笔本期进货的数量、金额，核对交易凭证，确认进货是否确实。

B. “出”部查核：抽查数笔本期领料的数量，核对内部领料单，确认领料是否确实。将领料总金额与该月直接原料明细表的总金额及产成品单位成本分析表的原料总金额进行核对。查核单位金额的计算方法。

C. 原料领出的用途属于视同销货的情况，应查证事实及有无开立销货发票。

D. 抽查账列原料退出或折让的数量，将金额与退回或折让证明单进行核对，并检查是否将其列入原料进耗存明细表。

⑥ 产成品产销存明细表的抽查：选择数个品项抽查。

A. “入”部查核：抽查完工入库总金额并将其与该月单位成本分析表的料工费总金额进行核对。

B. “出”部查核：查核该月销货数量，并核对销货发票或出货单数量，确认其是否确实。将抽查品项的单位成本与该月产成品单位成本分析表相关品项的平均单价进行核对，并检查其计算方法。

C. 抽查账列产成品销货退回或折让的数量，将金额与退回或折让证明单进行核对，并检查是否将其列入产销存成本表。

D. 产成品领出的用途属于视同销货的情况，应查证事实及有无开立销货发票。

⑦ 直接人工成本的抽查。

A. 查核金额与总分类账及产成品单位成本分析表的直接人工总金额的勾稽关系。

B. 抽选数月人工成本与该月薪资清册金额进行核对。

⑧ 制造费用查核。

A. 复核制造费用分摊原则的合理性并查核所用原则与前期是否一致。

B. 抽取各制造费用项目，将金额与相关凭证进行核对。

C. 查核总金额与总分类账及产成品单位成本分析表的制造费用总金额的勾稽关系。

⑨ 存货盘损 / 报废损失查核。

取得盘损或报废明细表，将金额与总分类账及综合损益表进行核对。

⑩ 商业存货及成本查核。

A. 取得商品进销存明细表，选择数个品项抽查第n个月入、出、存的情形，抽取样本执行下列程序。

a. 期初存货金额：与上月期末存货金额进行核对，确认是否相同。

b. “入”部查核：抽查数笔本期进货的数量、金额，核对交易凭证，确认是否确实。

c. “出”部查核：抽查数笔本期销货的数量，核对交易凭证，确认是否确实。

d. 商品领出的用途属于视同销货的情况，应查证事实及有无开立销货发票。

e. 抽查数笔本期销货的单位成本，验算是否采用一致的成本计算方法（例如加权平均）。

f. 抽查账列进货退出及销货退回的数量，将金额与退回或折让证明单进行核对，并检查其是否列入进销存成本表。

g. 抽查账列进货折让及销货折让的金额，将金额与退回或折让证明单进行核对，并检查其是否列入进销存成本表。

h. 该月销货（“出”部）金额的合计数，应与该月销货成本表及综合损益表的销货成本进行核对，确认是否相符。

i. 该月进货（“入”部）金额的合计数，应与该月销货成本表及存货明细账的进货成本进行核对，确认是否相符。

j. 将期末存货金额与该月销货成本表及资产负债表的期末存货进行核对，确认是否相符。

B. 取得整年度进销存明细账，并执行下列查核程序。

a. 将期初存货金额与上年度资产负债表的期末存货金额进行核对。

b. 将“入”部本年度进货总金额与年度销货成本表及存货明细账的进货总成本进行核对，确认是否相符。

c. 将“出”部本年度销货总成本与年度销货成本表的销货成本进行核对，确认是否相符。

d. 将“存”部本年度结存总金额与年度销货成本表及资产负债表的期末存货进行核对，确认是否相符。

存货项目常见的美化手法

案例一

2016年靶材厂光洋科惊传员工不法盗卖黄金案，被盗卖的黄金多达450千克，光洋科估计损失达5.12亿新台币。

光洋科的营运业务主要是进口废料，从中精炼黄金等贵金属，部分贵金属提供给硬盘、面板及半导体等产业客户使用，部分则制成条块或纪念币销售，近年光洋科积极扩展黄金销售业务。某员工利用其负责对外操作实体贵金属交易之便，把三个月后原要交给客户的黄金，先行领出，由境外公司贩卖，待期限到达前买回黄金，交货给与公司交易的客户。

会计师观点：

由于会计师查核年度资产负债表是就该年12月31日公司账上资产与负债是否公允表示意见的。若会计师的查核方式仅针对余额，被挪用的任何资产只要在年底前回补，除非资产有特定的编码（譬如定存单有单号，会计师可以针对定存单明细所载单号异常情况进行查核），否则年中资产被盗卖的情况是不会被发现的。但若配合查核公司内部控制制度，将更有机会发现舞弊。

案例二

2016年靶材厂光洋科又被爆出存货计量不实。

公司董事长坦承为弥补公司亏损，公司通过不当的会计手法，未依会计规范，于财报中确认其钌、铟重金属存货的跌价损失约11亿新台币，递延公司累积损失，疑似财报作假。

会计师观点：

对于存货项目计量的查核，在有限的时间内会计师采用分析性复核的方式是比较高效的，例如毛利率分析、存货库龄分析、存货占资产比率分析、存货占营业收入分析等，经分析性复核判断公司存货有无异常情况。

8 / 不动产、厂房及设备

查核目的

① 账上所记不动产、厂房及设备确实存在，为公司所有，且依据会计准则在一致性的基础上列示。

② 应列为资本支出或具有费用性质的项目皆已正确记录。

③ 本年度计提的折旧及截至资产负债表日的累计折旧余额皆适当、合理，且折旧依据会计准则在一致性的基础上计提。

④ 抵押的固定资产皆经确认，且揭示于财务报表附注。

查核程序——实质性程序

① 取得不动产、厂房、设备成本及累计折旧本期增减变动明细表，将期初及期末余额与总分类账进行核对。

② 比较本年度和上年度金额，查看是否存在异常变动。

③ 对于本期增加的不动产、厂房及设备，执行下列查核步骤。

A. 查核其原始入账的成本计量是否合理，具体操作如下。

a. 购买价格：核对发票、合约等。

b. 使资产达到预定可使用状态及地点的直接可归属成本：核对发票等交易凭证。

c. 以融资方式取得的资产在达到预定可使用状态前所发生的利息支出：应计算利息资本化的合理金额。

d. 检视重要合同（包括租约）：若有拆卸、移除该项资产及复原其所在地点的条约，应估计拆卸、移除及复原的负债准备，并将该负债准备资本化，增加资产的成本，取得复原成本估算表，并重新计算其合理性。

e. 购置不动产：与相关产权进行核对，确认其产权归公司所有。

f. 不动产、厂房及设备成本的部分组成项目，定期重置或定期作重大检查的不动产、厂房及设备：检查其成本，若符合资产确认条件，应确认于不动产、厂房及设备项目的账面金额中。

B. 具有重大组成部分的同一资产，若各组成部分的耐用年限有重大差异，且其成本可分摊至各组成部分，检查其成本的分摊是否合理。

C. 不具未来经济效益或未达资本化金额的不动产、厂房及设备，应转列为损益项目。

④ 对于本期减少的不动产、厂房及设备，执行下列查核步骤。

A. 属于报废的不动产、厂房及设备：查核其耐用年限是否届期。

a. 若耐用年限已届满，检查相关原始成本、累计折旧、累计减损是否除列正确。

b. 若耐用年限未达到规定耐用年数，应由会计师或相关机构监毁并出具载有监毁固定资产品名、数量及金额的证明文件。

B. 属于处分的不动产、厂房及设备：

a. 核对销售发票、销售合同，并检查相关原始成本、累计折旧、累计减值是否正确除列，以验算处分损益的合理性，并查核其与营业外资产处置损益的勾稽关系。

b. 不动产、厂房及设备成本定期重置或定期作重大检查的部分组成项目，其重置或检查成本若已确认于资产，应查核是否除列被重置部分的账面金额，或前次重大检查成本的剩余账面金额。

⑤ 对期末余额执行下列查核步骤：

A. 后续计量中应以成本减除累计折旧及累计减值后的金额为期末净额。

B. 非供营业上使用的资产应依其性质予以重分类到投资性

房地产。

C. 租赁改良物应列至不动产、厂房及设备项下，其计提年限应以该改良物的经济年限或该租赁资产的租赁期间较短者为计提基础。

D. 查明不动产、厂房及设备产权是否归公司所有，复核其是否有任何提供担保或抵押的事实情况。

E. 实地盘点不动产、厂房及设备（并验证其所有权及使用情形）。

⑥ 资产价值重估。

A. 重估基准日及金额应予列出，检查增值金额的合理性。

B. 资产以价值重估后的账面金额计提折旧。

⑦ 复核修缮费及杂项购置明细账，抽查金额重大费用的性质以认定其在公司既定政策、会计准则规定下是否需要资本化。

⑧ 若有预付设备款，应自不动产、厂房及设备项下予转列为其他非流动资产。

⑨ 属融资租赁资产，查核本期发生的租赁合同（包括变动、修订、延长或更新现有租赁合同）。

A. 核对租赁合同明细是否相符。

a. 实地检视租赁资产的状况。

b. 直接向出租人函证。

B. 确定租赁交易的分类是否适当（融资租赁或经营租赁）。

C. 验算租赁资产确认金额的计算是否正确。

⑩ 售后租回交易的查核。

A. 售后租回属融资租赁。

a. 查核合同，确认其分类属融资租赁。

b. 卖方（承租人）出售资产时，不确认收益。

B. 售后租回属经营租赁。

a. 查核合同，确认其分类属经营租赁。

b. 出售损益原则上应确认为损益项目。

⑪ 取得财产目录并查核。

A. 依资产类别将不动产、厂房及设备的成本、本期计提折旧金额及本期累计折旧与不动产、厂房及设备的变动表进行核对。

B. 查核折旧方法及耐用年限是否与前期使用一致。如财务与税务所用耐用年数有重大差异时，应汇列折旧费用差异数于账外调整。

C. 若折旧方法或耐用年限的使用与上期不同，应依会计估计变更处理。

D. 抽查本期折旧的计算是否正确。

E. 本期计提折旧金额、处分损益、报废损失，应分别核算至损益相关项目。

F. 已达耐用年限的资产除已提足折旧外，应检查其是否继续计提折旧。

⑫ 取得或编制财产处分明细表。

A. 将处分金额与开立发票与账列收入调节表中的“出售资产”金额进行核对。

B. 将资产的成本及累计折旧与上期财产目录中该笔资产的相关项目进行核对。

C. 查核处分损益的计算是否正确，并与损益表的相关项目进行核对。

案例一

拆卸、移除该项目及复原其所在地点的原始估计成本：

X1年初甲公司承租办公室并花费3000000元装修，租赁期限为3年，采用直线法折旧。双方约定租约到期，甲公司须将办公室恢复原状，甲公司估计需花费500000元拆卸以恢复原状，该公司资金成本率为10%。

会计处理如下：

借：杂项资产　　　　　　　　3375657

　　贷：现金　　　　　　　　　　　3000000

　　　　除役成本的负债准备　　　　375657

$$3000000+500000\times(P/S,10\%,3)=3375657$$

案例二

重大组成部分除列重置：

X1年初甲公司以1000000元购入机械设备，估计耐用年限为10年，无残值，采用直线法折旧。其中该机械设备的马达属重大组成部分，耐用年限估计为5年。X5年初甲公司更换马达，公允价值为125000元。

情况一：已知X1年购入设备时，马达成本为80000元。

情况二：不知X1年购入设备时马达的成本，目前新机械设备公允价值为125000元，以目前马达占机械设备的比例推估旧马达成本。

情况三：不知X1年购入设备时马达的成本，以目前新马达的价值作为旧马达的推估成本。

<table>
<tr><th colspan="2"></th><th colspan="2">情况一</th><th colspan="2">情况二</th><th colspan="2">情况三</th></tr>
<tr><td rowspan="4">汰旧</td><td>累计折旧</td><td>64000</td><td></td><td>80000</td><td></td><td>100000</td><td></td></tr>
<tr><td>处分损失</td><td>16000</td><td></td><td>20000</td><td></td><td>25000</td><td></td></tr>
<tr><td>机械设备</td><td></td><td>80000</td><td></td><td>100000</td><td></td><td>125000</td></tr>
<tr><td>推算</td><td colspan="2">80000/5 × 4
=64000</td><td colspan="2">新马达占
新机械的1/10，
推估旧马达亦
占成本的1/10</td><td colspan="2">125000/5 × 4
=100000</td></tr>
<tr><td rowspan="2">换新</td><td>机械设备</td><td>125000</td><td></td><td>125000</td><td></td><td>125000</td><td></td></tr>
<tr><td>现金</td><td></td><td>125000</td><td></td><td>125000</td><td></td><td>125000</td></tr>
</table>

案例三

利息资本化计算。

	A	B	C	D	E	F	G	H
月份	月初累积支出数	当月支出数	累积支出平均数	每月利率	按成本计算的利息	实际利息(账列)	资本化利息	月底累积支出数
			A + 1/2B		C × D		E或F较低者	A + B + G
Y1年6月	0	352368	176184	1	1762	60000	1762	354130
Y1年7月	354130	720876	714568	1	7146	60000	7146	1082152
Y1年8月	1082152	370600	1267452	1	12675	60000	12675	1465427
Y1年9月	1465427	1020050	1975452	1	19755	60000	19755	2505232
Y1年10月	2505232	750750	2880607	1	28806	60000	28806	3284788
Y1年11月	3284788	870768	3720172	1	37202	60000	37202	4192758
Y1年12月	4192758	927870	4656693	1	46567	60000	46567	5167195
Y2年1月	5167195	921214	5627802	1	56278	60000	56278	6144687
Y2年2月	6144687	975720	6632547	1	66325	60000	60000	7180407
Y2年3月	7180407	1027862	7694338	1	76943	60000	60000	8268269
利息资本化总金额	330191							

注：每月利率的采用，若借款为项目贷款，利率为该项目借款的利率；若借款非项目贷款，利率为所有借款的平均利率。

会计分录：

借：资产　　　　　　　　　　330191

　　贷：利息支出　　　　　　　　330191

9 / 投资性房地产

查核目的

① 账上所记投资性房地产确实存在，为公司所有，且依据会计准则在一致性的基础上列示。

② 账上所记投资性房地产符合会计准则中投资性房地产定义、确认及计量原则。

③ 抵押的投资性房地产皆经确认，以便揭示于财务报表附注。

查核程序——实质性程序

① 取得投资性房地产本期增减变动明细表，期初及期末余额皆应与总分类账进行核对。

② 比较本年度和上年度金额，查看是否存在异常变动。

③ 查核不动产使用状况或持有目的是否符合投资性房地产的定义。

④ 对本期增加的投资性房地产的查核程序与不动产、厂房及设备的查核程序相同。

⑤ 对本期减少的投资性房地产的查核程序与不动产、厂房及设备的查核程序相同。

⑥ 对期末余额执行下列查核步骤：

A. 后续计量选择公允价值模式的投资性房地产：取得独立评价人员出具的公允价值评估报告，并检查账列投资性房地产是否按公允价值计量为期末净额，不予计提累计折旧。依据公允价值评估报告计算的本期公允价值变动金额，应核算至损益项目。

B. 后续计量选择成本模式的投资性房地产：应以成本减除累计折旧及累计减值后的金额为期末净额。

C. 查明投资性房地产产权是否归公司所有，复核是否有任何以投资性房地产提供担保或抵押的事实。

D. 取得财产目录并执行下列步骤：

a. 后续计量选择成本模式的投资性房地产，依资产类别将其成本及累计折旧与投资性房地产变动表的相关项目进行核对。

b. 测试财产目录上的耐用年数，若财务与税务所用耐用年数有重大差异，应汇列折旧费用差异数于账外调整。

c. 闲置的投资性房地产除已提足折旧的外，检查是否继续计提折旧。

d. 查核折旧方法及耐用年限是否与前期一致。

e. 若折旧方法或耐用年限与上期不同，应依“会计估计变更”处理。

f. 抽查本期折旧的计算是否正确。

g. 本期计提折旧金额、处分损益、报废损失，应分别核算至损益相关项目。

10 / 无形资产

查核目的

① 账上所记无形资产符合会计准则中无形资产定义、确认及计量原则。

② 抵押的无形资产皆经确认，以便揭示于财务报表附注。

查核程序——实质性程序

① 取得无形资产本期增减变动明细表，将期初及期末余额与总分类账进行核对。

② 比较分析本期及上期变动或差异的原因，并注意有无重大异常情形。

③ 对本期增加的无形资产，执行下列查核步骤：

A. 因合并而取得的商誉：检视合并合同及合并公允价值专家评估报告书，以确认商誉金额的合理性。

B. 因合并而取得商誉以外的无形资产：检视合并契约及合并公允价值评估报告，以确认其成本为收购日的公允价值。

C. 因购买取得的无形资产：成本包括购买价格及为达到预定可使用状态的直接可归属成本。检视购买合同、凭证、产权证明等合法凭证。

D. 公司自行产生的无形资产：公司本身的商誉不得估计入账，商誉以外其他自行产生无形项目的支出，除属于开发阶段的投入可确认为无形资产外，其余应确认为费用入账，不得确认为无形资产。若无法区分研究阶段和开发阶段，应全数视为研究阶段，相关支出应全数确认为费用。该技术申请专利所产生的申请费，若金额重大，可确认为无形资产，检视支出凭证及取得的相关证照。开发阶段的可视为无形资产支出的条件，应符合会计准则的规定。

④ 对本期减少的无形资产，执行下列查核步骤：

A. 属于报废的无形资产：查证该资产确已执行报废程序。

B. 属于处分的无形资产：核对销售发票，并检查净处分金额与账面金额的差额，以验算处分损益的合理性。

⑤对期末余额执行下列查核步骤:

A. 后续计量应以成本减除累计摊销及累计减值后的金额为期末净额。

B. 检查摊销年限及残值的估计是否与前期一致。若不一致，查核是否属于错误或会计估计变更。

C. 检视无形资产明细账是否有下列各项支出:

a. 开办活动支出，包括设立支出，开设新据点或业务支出，开始新营运活动、推出新产品或程序支出等。

b. 内部产生的品牌、刊头、出版品名称、客户名单及其他性质类似的项目支出。

c. 企业内部项目计划研究阶段的支出（开发阶段且符合条件的支出视为无形资产）。

d. 内部产生的商誉。

e. 企业搬迁或重组支出。

f. 广告及促销活动支出。

g. 专业团队及其训练活动支出。

h. 无法定权利保护的特定管理或技术能力支出。

i. 其他不符合《企业会计准则——基本准则》无形资产定义、确认及计量的项目支出。

D. 评估减值。取得公司提供的评估报告，决定无形资产是否已发生减值。

第七章

负债类实质性程序

1 / 借款

查核目的

① 已入账的借款为确实债务，应确认在资产负债表日无任何重大借款尚未入账。

② 利息费用及应付利息均经适当记录。

③ 任何用以抵押或担保短期借款的资产均经确认，并揭示于财务报表附注。

查核程序——实质性程序

① 取得借款、应付利息的余额明细表（包括短期及长期借款的借款性质、债权人、契约期限、本金及期末余额、利率区间等，及应付融资租赁负债），并将其金额与总分类账进行核对，确认是否相符。

② 比较分析本期及上期变动或差异的原因，并注意有无重大异常情形。

③ 直接向债权人函证期末的借款明细，包括补偿性余额合约、到期日、担保品，及其他有关借款事项（银行借款请配合现金科目发函）。

④ 若有应付融资租赁款，应在不动产、厂房及设备的查

核程序进行查核。

⑤ 借款中如有向股东、同业、关系业或任何他人等的借款，应列注其性质、期限及有无支付利息，并发函询证确认。

⑥ 一年内到期的长期借款应转列为流动负债。

⑦ 外币借款依资产负债表日汇率计量计算未实现兑换损益。

⑧ 将银行利息费用与银行收据进行核对。

⑨ 向同业借款所支付的利息费用应取得利息收据，并办理扣缴申报。

⑩ 查明利息费用有无资本化的必要（于办妥过户手续或交付使用前的土地借款利息，及土地以外因固定资产而借款的利息，自付款至取得资产期间应付的利息费用应资本化）。

⑪ 对期末应付利息概算入账金额，确认其是否合理。

⑫ 进行利率分析性复核（以全年度利息支出总金额除以加权平均借款金额），以查明是否低计或高计负债或利息费用。

2 / 应付票据及账款

查核目的

① 账列应付票据及账款是确实债务，确认在资产负债表日无重大未入账的应付票据及账款。

② 与所营业务无关的应付款项或票据应重分类至适当会计项目。

查核程序——实质性程序

① 取得结账日按客户类别编制的应付票据及账款明细表，将期末余额与总分类账进行核对。

② 比较分析本期及上期变动或差异的原因，并注意有无重大异常情形。

③ 对应付票据及账款明细表进行加总计算，并将金额重大的应付票据与相关凭证进行核对。

④ 检视对同一对象开出的连续多期票据。

A. 若是预付费用，属于资产与负债同时虚增，应予以回转冲销，改为在附注披露。

B. 若是融资租赁，属于借款性质，应按融资租赁会计处理转列为借款项目。

⑤ 就应付票据及账款余额抽样发函询证。

A. 编制函证汇总表。

B. 针对回函有差异的部分，应请客户分析差异原因，并做适当调整。

C. 针对未回函部分，执行其他替代程序，例如将其与相关单据及期后付款记录进行核对。

⑥ 就外币应付票据及账款，应依资产负债表日汇率计量计算未实现兑换损益。

⑦ 检视应付未付的账款，若有无须支付的情况应转列为其他收入。

⑧ 与所营业务无关而产生的票据及账款，应重分类为其他应付款项或票据。

⑨ 属于关联方交易产生的票据及账款，金额重大的应重分类为应付关联方账款或票据。

⑩ 未入账负债查核：抽取结账日后n个月内所收到的金额大于相关金额的供货商发票，确定无年底应入账未入账的应付账款。

3 / 应付费用 / 应付款项

查核目的

① 符合负债及负债准备定义的应付费用/应付款项皆已入账，在资产负债表日无重大未入账的情况。

② 或有性质的负债不可入账，仅在附注披露。

③ 会计估计的基础与上期一致。

查核程序——实质性程序

① 取得结账日按客户类别编制的应付费用/应付款项期末余额明细表，将期末余额与总分类账进行核对。

② 比较分析本期及上期变动或差异的原因，并注意有无重大异常情形。

③ 依客户营运性质检查每月例行发生的费用是否按权责发生制估计应付费用，例如薪资、奖金、保险费、退休金、水电费、租金及劳务费用等，并核对凭证或分析金额估计的合理性。

④ 对金额重大的应付费用/应付款项执行函证程序。

A. 编制函证汇总表。

B. 针对回函有差异的部分，应请客户分析差异原因，并做适当调整。

C. 针对未回函部分，执行其他替代程序，例如与相关单据及期后付款记录进行核对。

⑤ 应付未付的费用、损失及其他各项债务，若有无须支付的情况应转列为其他收入。

⑥ 属于关联方交易产生的应付费用/应付款项，金额重大的应重分类为应付关联方款项。

⑦ 估计性质的负债，如短期员工休假的负债、保固负债准备、销货退回及折让的负债准备等，评估计提的基础、方法

是否适当并与前期一致。

⑧ 取得公司章程，验算员工酬劳及董事、监事酬劳估列的金额是否违反章程规定。

⑨ 检视不动产、厂房及设备的相关合同是否需估列拆卸、移除及复原的负债准备。

⑩ 查询公司是否有亏损合同的存在，以估算亏损合同负债准备金额的合理性。

⑪ 抽查重大项目或特殊项目的期后付款情况。

⑫ 执行对未入账负债的查核。

A. 复核自资产负债表日后至查核报告日间金额重大的传票及相关凭证，确认有无应归属本期的应付费用。

B. 取得重大交易合同、会议记录、税务档案，查核是否有应估计的负债。

C. 询问管理层是否所有负债均已适当估列，且估列基础与上期一致。

⑬ 外币应付费用应评估期末未实现兑换损益。

⑭ 检查所入账的负债有无或有性质。

以下为一般负债、负债准备及或有负债的释例：

事项	负债类型	说明
年终奖金	一般负债	过去事件所产生的现存义务（法定或推定义务）
		偿付的时间与金额均已确定，即使有些尚需估计，其不确定性相对于负债准备来说更小

（续表）

事项	负债类型	说明
年度结束前董事会通过关闭一事业部的决议，但尚未实施	不符合负债定义	并非过去事件所产生的义务，属于年度结束前无义务事件，负债尚未发生
年度结束前董事会通过关闭一事业部的决议，详细计划已完成且已通知员工、客户及厂商	负债准备	过去事件所产生的现存义务（法定或推定义务）
		很有可能发生，金额能可靠估计，但未确定发生时点的负债
销售合约附有保固责任	负债准备	过去事件所产生的现存义务（法定或推定义务）
		很有可能发生，金额能可靠估计，但未确定发生时点的负债
诉讼很可能败诉	负债准备	过去事件所产生的现存义务（法定或推定义务）
		很有可能发生，金额能可靠估计，但未确定发生时点的负债
诉讼胜诉或败诉尚不明朗	或有负债	过去事件所产生的可能义务
		其存在与否仅能由不确定的未来事项发生与否加以证实

4 / 预收货款

查核目的

确定资产负债表日账列预收货款没有高计或低计而影响销货收入正确性的情况。

查核程序——实质性程序

① 取得资产负债表日预收货款期末余额明细表，将期末余额与总分类账进行核对。

② 比较分析本期及上期变动或差异的原因，并注意有无重大异常情形。

③ 对金额重大者执行函证程序。

A. 编制函证汇总表。

B. 针对回函有差异的部分，应请客户分析差异原因，并做适当调整。

C. 针对未回函部分，执行其他替代程序，例如与销货订单或合同进行核对。

④ 就资产负债表日前后的出货单，查核合同交易条件（FOB或CIF），以确认收入确认时点是否正确。

第八章

股东权益实质性程序

查核目的

确定股东权益采用的会计政策及处理适当。

查核程序——实质性程序

1 股本的查核

① 将期初余额与上期末财务报表金额进行核对。

② 取得或编制查核期间股东权益账户的变动表，验算加总并将各账户余额与总分类账进行核对。

③ 取得董事会、股东大会会议记录或股东同意书，检查是否有与股本相关的决议事项。

④ 将股份有限公司账列的实收资本与公司章程及公司设立（变更）登记表进行核对，确认每股面额、额定股数、已发行股数等。

⑤ 将有限公司账列的资本与公司章程及公司设立（变更）登记表进行核对。

⑥ 将本期资本增加（增资）或减少（减资）金额与董事会、股东大会的会议记录（股份有限公司），或股东同意书

（有限公司）有关资本变更的记录，主管机关核准或公司申请文件、公司章程及公司变更登记表等进行核对。

⑦ 若有预收股款，查核董事会会议记录于增资基准日的决议，若增资基准日在年度结束前，仅未通过主管机关核准的款项，应调整入股本项目（即以增资基准日而非主管机关核准日为转列股本的时点）。

⑧ 查核盈余转增资、减资退回股本或减资弥补亏损，调整股本的基准日亦以董事会决定的基准日为参考，而非以主管机关核准日为参考。

⑨ 检查有无相关股款不实登记的情况：公司应收的股款，股东并未实际缴纳，而以申请文件表明收足，或股东虽已缴纳而于登记后将股款发还股东，或任由股东收回的情况。

2 / 资本公积的查核

① 将期初余额与上期末财务报表金额进行核对。

② 分析资本公积本期变动情形，并检视查核期间董事会、股东大会会议记录或股东同意书，检查是否有与资本公积相关的决议事项。

③ 了解本期资本公积增加的原因（例如发行股票溢价、库藏股票交易、员工认股权、受赠资产、采用权益法确认的投

资股权净值变动、实际取得或处分子公司股权价格与账面价值产生差额等），将增加金额与相关文件、会议记录进行核对，以确认金额的正确性。

④ 了解本期资本公积减少的原因（例如弥补亏损、转作资本、发放现金股利、员工认股权失效、库藏股票注销、采用权益法确认的投资股权净值变动、实际取得或处分子公司股权价格与账面价值产生差额等），将减少金额与相关文件、会议记录进行核对，以确认金额的正确性。

3 / 法定盈余公积的查核

① 将期初余额与上期末财务报表金额进行核对。

② 取得董事会、股东大会会议记录或股东同意书，检查是否有与法定盈余公积相关的决议事项。

③ 对于本期增加的数额，了解其发生的原因，核对本年度经股东大会通过（或股东同意书）的盈余分配表金额，并计算计提金额是否符合《中华人民共和国公司法》规定。

④ 若决议盈余保留不分配，而公司仍就上年度盈余依规定计提法定盈余公积，计算计提金额的正确性。

⑤ 对于本期减少的数额，了解其发生的原因，核对本年度经股东大会通过（或股东同意书）的亏损拨补表金额，并确

认拨补金额的正确性。

⑥ 本期减少的原因若是拨充资本或发给现金，应核对本年度经股东大会通过（或股东同意书）的盈余分配表金额，并确认是否符合《中华人民共和国公司法》规定。

⑦ 若经股东大会通过（或股东同意书）的盈余分配表未计提法定盈余公积，检查是否符合《中华人民共和国公司法》规定（当法定盈余公积累计金额达到企业注册资本的50%以上时，可以不再提取）。

4 / 留存收益的查核

① 将期初余额与上期末财务报表金额进行核对。

② 分析留存收益本期变动情形，并检视查核期间董事会、股东大会会议记录或股东同意书有关决议事项是否与留存收益项目有关。

③ 本期增加的数额若是上期税后净利转入，应与上期财务报表及股东大会会议记录或股东同意书上的金额进行核对。

④ 本期减少的数额若是盈余分配、弥补亏损、库藏股票注销等，应与股东大会会议记录或股东同意书有关盈余分配表或亏损拨补表上的金额进行核对。

⑤ 本期增加或减少是因更正前期财务报表错误的，应

依据《企业会计准则——基本准则》，采用追溯重述法，不得仅更正当期留存收益。

⑥ 将盈余分配金额与股利凭单进行核对。

5 / 其他权益的查核

① 外币换算调整数：与采用权益法的外币长期股权投资等相关查核工作底稿相互索引。

② 金融商品未实现损益：与金融商品工作底稿相互索引。

③ 未实现资产重估增值：取得重估增值计算表并与不动产相关查核工作底稿相互索引。

6 / 其他应查核事项

若公司出现可能导致对被审计单位持续经营能力产生重大疑虑的事项或情况，应对公司能持续经营假设的合理性进行查核。

第九章

收益实质性程序

综合损益表由收入、成本、费用、营业外收入、营业外支出、所得税及其他综合损益等组成。除其他综合损益外，若其中一项有重大错误，将立即影响当期损益与每股盈余（EPS）的计算，且其错误也将影响相应的资产及负债科目。

其他综合损益，放置于本期税后损益之后，加上其他综合损益的损益表被称作“综合损益表”。其他综合损益一直都存在，只是以前只出现在股东权益变动表，而现在要将本期发生的其他综合损益放在以前所称的“损益表”之下，例如，以公允价值计量且其变动计入其他综合收益的金融资产的累计利得或损失、未实现重估增值等。

由于营业成本及部分营业费用、营业外收支，已于相关资产或负债中说明，故本章仅就营业收入说明会计师应查核的重点。

营业收入实质性程序

查核目的

①确定营业收入入账金额的允当性。

②销货折让、退回已经经过适当处理及入账。

查核程序

（1）收入确认的原则

① 商品销售在符合下列所有条件时确认收入。

A. 已将商品所有权的重大风险及报酬转移给买方。

B. 对于已经出售的商品既不持续参与管理，也不再维持有效控制。

C. 收入金额能可靠计量。

D. 与交易有关的经济效益很有可能流入企业。

E. 与交易相关的已发生或将发生的成本能可靠计量。

在符合上述所有条件时确认收入的时点。

A. 在出货时点确认收入。

B. 在买方验收确认时点确认收入。

② 劳务提供在符合下列所有条件时确认收入。

A. 收入金额能可靠计量。

B. 与交易有关的经济效益很有可能流入企业。

C. 财务报表日合同尚须发生的成本及合同完成程度皆能可靠估计。

D. 归属合同的成本能明确辨认及可靠计量。

在符合上述所有条件时确认收入的时点。

A. 完工百分比法：当提供劳务的交易结果能可靠估计。

B. 直线法：若劳务应在一特定期间内履行，仅履行的劳务量并不确定时，应在该特定期间内按直线法确认收入。

C. 成本回收法：当提供劳务的交易结果无法可靠估计，而已发生的成本很有可能回收时，应仅在已确认费用的可回收范围内确认收入，即零利润。

D. 不确认收入：当提供劳务的交易结果无法可靠估计，而已发生的成本并非很有可能回收时，不应确认收入，已发生的成本应确认为费用。当不确定因素消失时，再依完工百分比法确认。

③ 建造合同确认收入的条件（通常适用于工程承揽）与提供劳务确认收入的条件相同。

A. 完工百分比法：当建造合同的交易结果能可靠估计。

B. 成本回收法：当建造合同的结果无法可靠估计，而已发生的成本很有可能回收时，应仅在已发生合同成本预期很有可能回收的范围内确认收入，即零利润。

C. 预期损失确认为费用：当合同总成本很有可能超过合同总收入时，应立即将预期损失确认为费用。

④ 不动产建造确认收入的条件（通常适用于建设工程）与商品销售确认收入的条件相同。

A. 买方在建造开始前或在工程进行中，若有权指定主要结构要素或其变更，则收入确认应比照建造合同确认收入的条件。

B. 买方若无权指定及变更不动产的主要结构要素，则收入确认比照商品销售确认收入的条件。

（2）查核收入确认时点

① 商品的销售。

A. 抽样选取截止日（财务报表日）前后数笔出货单及出货记录，查核交易合同，符合确认收入所有条件方可确认收入并将金额与销货收入总账进行核对，确认收入确认时点是否正确。

B. 抽样选取截止日（财务报表日）前后销货退回及折让证明单或验收单，将其与销货退回总账进行核对，确认收入确认时点是否正确。

② 劳务或建造合同提供。

A. 取得完工百分比计算明细，检查完工比率估计是否合理。

B. 验算完工百分比计算的工程损益是否正确。

③ 不动产建造的销售。

抽查收入确认是否以不动产所有权移转登记日期或实际交付日期（较早者）为准。

（3）特殊项目查核

① 企业代他人所收取的款项，不属于收入；在代理关系中，代理人收取的款项也不属于收入，佣金才是代理人的收入。

② 个别交易包含数个可辨认项目或数个交易间有关联时，应以每个可辨认项目的相对公允价值为基础，将交易价格按比例分摊至每个可辨认项目。

③ 销售商品或劳务给客户，并给予客户奖励积分（通常称为“点数”），使客户可以用奖励积分兑换免费或折扣的商品或劳务，则应将此奖励积分视为原始销售交易中可单独辨认的组成部分。原始销售的相关已收或应收对价的公允价值，应分摊至奖励积分及该销售的其他组成部分。分摊至奖励积分的对价，应参照其公允价值，即此奖励积分可单独销售的金额。但实务上不一定可行，须耗费过当的成本或努力才可取得该公允价值时，无须分摊。

销货收入项目常见美化手法

案例一

国际电商龙头阿里巴巴集团在2016年财务报告中透露美国证券交易委员会（SEC）正在调查其会计操作是否违反联邦法律。

据某新闻社报道，该公司宣称的“双十一”交易总额，并没有扣掉虚假订单，因此销售数据被夸大了，其中可能有二到三成的交易，是卖家大量购买自家商品以冲高销售排名所致。

会计师观点：

有些造假的销货交易很可能在一段时间之后借由办理销货退回，冲销之前确认的销货收入。因此会计师应注意财务报表日后是否有重大的销货退回，以确认有无此类假销货的情况。经营电子商务销售商品，经常需给予购物者鉴赏期，按照会计学原理，需在鉴赏期后才可确认销货收入，会计师查核此类行业时应注意销货截止点是否正确。

案例二

2015年4月，日本东芝公司被曝出财务报表不实的丑闻。

财务报表不实的主因之一是自2008年以来该公司未按长期工程完工百分比法进行会计处理，因此提前确认过多的工程收入或未适当确认可能的工程损失。

会计师观点：

此类美化手段，属于过早确认收入或延后确认费用的类型，基本上销货交易真实，因此通过查核程序不难发现完工百分比的比率错误，查核人员唯有继续对工程情况深入了解，不陷入文件形式要件，才可有效查核、发现错误。

案例三

2004年，博达公司无预警宣告公司重整。

从2000年开始，博达公司以自家人卖货给自家人也就是“左手卖给右手”的方式伪造虚增销货收入。这些自家公司全是虚构的“纸上公司”，完全没有实质营业收益。

会计师观点：

此类虚增营业收入的对象是关联企业，目前的会计准则下，对销售给子公司的收入，必须等子公司将商品再卖出给无关的第三方后，才可确认利润，会计师面临的挑战之一是公司的关联企业是否可以被辨认出来。公司若安排表面上无关系但实质可以掌控的人开设公司，例如公司退休职工或是董事的家人等，并刻意隐瞒，会计师就比较难发现，其实这些交易对象是可以被客户掌控的。

另一个挑战是判断与子公司交易的第三方，是否为真正无关的第三方。案例四说明同业间也可能配合着一起完成诈欺。

案例四

2004年，出版各类教学光盘的皇统光碟科技股份有限公司上市后，因业绩大幅衰退，为维持公司营运假象及避免银行抽银根，董事长指示员工筹设国内外各9家公司，并利用国内7家业务往来公司，从事不实交易，美化财务报表。

会计师观点：

利用有业务往来的同业制造假销货，为典型的循环性销货案例，例如：

A公司销货给B公司，因是假交易，最后B公司又会再卖回给A 公司，这样A、B 公司都可虚增营业收入。

欲查核同业间是否配合制造假销货，会计师可从账册搜寻进货厂商与销货客户名单，若发现两份名单中出现同一家公司，会计师可进一步查核交易细节。但有经验的诈骗者了解会计师的查账方法后，会将上述循环性销货安排为A公司销货给B公司，B公司销货给C公司，C公司销货给D公司，以此类推，最后一个参与诈欺的公司再制造销货给源头A公司，如此多层次，将大幅降低会计师发现异常情况的概率。

第十章 费用及损失实质性程序

各项费用及损失的查核程序如下所述。

1 / 薪资支出

（1）薪资总额

薪资总额包括薪金、加班费、津贴、奖金、退休金、退职金、养老金、资遣费、按期定额给付的交通费及膳宿费、各种补助费等。

（2）核对原始凭证

①薪资。

收据或薪资清册的原始凭证为银行盖章证明存入的清单，注意以现金发放，或员工人数较上期大幅增加等非常规状况，应深入查核薪资发放的真实性。

②加班费。

注意查核加班申请单、员工打卡记录。

③退休金。

实际缴纳退休金的，原始凭证为退休金缴款单；计提退休金的，原始凭证为计算明细及传票。

(3)员工短期休假在既得日确认薪资负债准备

(4)员工及董监事酬劳依照公司章程规定确认应付薪资

2 旅费

(1)核对原始凭证

①出差报告单。

②膳宿杂费:国内宿费部分,应取得膳宿服务提供方书有抬头的统一发票等凭证及消费明细;国外宿费部分应取得相应的国外交易凭证。

③交通费。

A. 乘坐飞机,以飞机票票根(或电子机票)、登机证或机票购票证明单及行程单为原始凭证。

B. 乘坐轮船,以船票或轮船公司出具的证明为原始凭证。

C. 乘坐出租车、火车、汽车等,以车票票根或经手人证明为原始凭证。

D. 乘坐铁路列车,以车票票根或报销凭证为原始凭证。

(2)检查出差人员是否为公司员工

（3）检查出差地点是否与公司业务有关，特别注意在度假胜地的出差

3 / 广告费

核对原始凭证

①报纸、文章、杂志的广告费应取得收据，并检附广告样张；检附有困难时，需列单注记广告所刊登的报社或杂志的名称、日期或期别及版（页）次等。

②以其他各种形式发生的广告费，应取得统一发票等凭证。

③购入物品作为赠送的，应以统一发票等为凭证。

④举办寄回销货包装空盒换取赠品活动，应以买受者寄回空盒的信封和加注赠品名称、数量及金额的赠领清册为凭证。

⑤销货附赠物品，应在销货发票加盖赠品赠讫戳记，并编制书有统一发票号码、金额、赠品名称、数量及金额的赠品支出日报表，凭以认定。

4 / 捐赠

核对原始凭证

①购入供作赠送的物品，原始凭证为统一发票等。

②以主营业务产品或其他资产赠送的，检查账簿中是否载明赠送物品的名称、数量及成本金额，并与视同销售开立的发票进行核对。

③受领机关团体收据或证明。

5 / 业务交际费

（1）核对原始凭证

①以统一发票为凭证。

②自身产品或商品馈赠产生的业务交际费，应与视同销售开立的发票进行核对，并检查账簿中是否载明赠送物品的名称、数量及成本金额。

（2）因赠送礼券或礼品产生的业务交际费，检查是否已备合法的统一发票等凭据，并经交易对象签收

6 / 职工福利

核对原始凭证

①依职工福利费的规定提拨的，应与职工福利委员会的收据进行核对。

②以员工实际支付的项目为职工福利的，原始凭证为统一发票，职工医药费的凭证应是医院或药房配药的证明与收据。

③以自身产品或商品馈赠员工的，应与视同销售开立的发票进行核对，并检查账簿中是否载明赠送物品的名称、数量及成本金额。

7 / 保险费

（1）核对原始凭证

核对保险费收据及保险单。

（2）注意是否有应列入营业外收入的保险赔偿

8 / 劳务费

（1）劳务费范围

劳务费包括支付律师、会计师、建筑师、技师等的报酬。

（2）核对原始凭证

①劳务合同、收据。

②扣缴申报证明凭证。

9 / 伙食费

核对原始凭证

①员工签名或盖章的伙食名单。

②自身为餐饮经营的，购买食材及燃料费用的统一发票等凭据。

10 / 税费

（1）核对原始凭证

核对缴税完税凭证。

（2）租用或借用不动产或交通工具等的纳税，经约定由承租人或借用人负担的，应视同租金支出，不属于税费项目

（3）购买土地、房屋所缴的契税、印花税等，应并入土地或房屋成本

（4）进口货物的关税、缴纳原物料的消费税，应列为货物的成本

11 ⁄ 佣金支出

核对原始凭证

①合同。

②相关证明文件。（若未实际提供中介劳务，虽形式上具备合同及结汇支付证明，亦难称该项支出为经营本业所必需的必要或合理费用。）

③以统一发票等为凭证。

④支付个人的佣金，除凭据外，应有扣缴申报证明凭证。

⑤付款证明。

12 ⁄ 利息费用

（1）核对原始凭证

①银行利息收据。

②分期付款利息费用应取得统一发票。

③押金的利息费用应取得统一发票。

④融资租赁的利息费用应取得统一发票。

⑤向非金融业借款的利息费用应有扣缴申报证明凭证。

（2）以融资方式购置不动产、厂房及设备，相关利息支出应检查是否有利息资本化的必要

第十一章 所得税费用（收益）实质性程序

1 / 对所得税的基本了解

所得税对于会计初学者而言是较困难的内容，且一向是财务报表中较为复杂难懂的项目，曾有人质疑损益表上所呈现的所得税费用不是按照损益表上的税前利益乘法定税率进行计算，是计算错误。甚至还有“所得税收益”这个项目是不是税务机关要退的税的疑问。

之所以有这些问题，是因为税法与会计准则对所得税计算各有其繁复的规定，税法的规定最主要的目的是征税，会计准则规定的目的则是使企业允当表达经营成果。两者目的不同，使应纳税所得与会计所得产生差异。

财务报表上确认的所得税费用（收益）是依据会计准则的规定计算产生的，包含当期所得税与递延所得税两大要素。

企业按税法规定计算并计量应纳税所得之后，按相关的税率估算出的应缴纳或应退回的税额，为当期所得税。

税法上对于资产、负债、收益与费损的确认与计量（产生应纳税所得），与会计准则（产生会计所得）的规定不尽相同。两者关系可以用下列等式表达：

课税所得 ＝ 会计所得 ± 会计与税法确认的差异

以下四个差异是造成会计所得与课税所得不同的主要原因：

第一个原因：确认时点差异。

公司会计入账依规定需采用权责发生制。所谓权责发生制，是指收益在确定应收时，费用在确定应付时，便进行预先估计入账。但是税法对于大部分费用类金额的认定原则是对未实现的费用及损失不予认定，仅少数几个特例可以按权责发生制认定。这个原因仅产生暂时性差异，假以时日财税认定必会相同。

例如，财务报表会计所得为1000万元，其中费用类项目中有依照会计政策对应收账款计提的可能的坏账损失100万元，然而税法认为坏账损失尚未取得规定的凭证，属于未实现的费用，不得确认，因此造成会计所得（1000万元）小于应纳税所得（1100万元），应纳所得税额的计算是按较高的应纳税所得计算的。而在会计上需要分析差异费用是否很有可能随时间流逝而符合税法确认条件，若是，则依权责发生制原理确认“递延所得税资产”或“递延所得税负债”。若例子中的公司认为所计提的坏账将于下一年度取得税法要求的凭证，就必须确认“递延所得税资产”；反之，若认为很难取得税法要求的凭证，则不可确认“递延所得税资产”。这是一个复杂的会计原则，相关会计分录为：

很有可能取得坏账的关于税法规定的凭证：

借：所得税费用　2200000

　　贷：应交所得税　2200000

借：递延所得税资产　200000

　　贷：所得税费用　200000

不太可能取得坏账的关于税法规定的凭证：

借：所得税费用　2200000

　　贷：应交所得税　2200000

两家公司即便会计所得完全相同，但所得税费用的不同，将使税后净利发生差异。

第二个原因：税法强制不予确认费损。

会计上确认收益、费损的原则不以法定凭证为唯一要件，只要是真实属于公司的交易，有外部或内部资料可以佐证确实属于公司的资产、收益或费损，皆应按权责发生制入账。但是税法有相当多异于会计确认的规定，常见的差异有两类，一是仅以合法的外部凭证为依据，例如购买凭证需取得统一发票，或取得小规模收据，或是需办理扣缴，各种税法规定的凭证都有其适用的情况，并非择一取得即可；对于会计入账，只要该笔交易可由其他事证证实确为公司所必须发生，即便未取得税法规定的凭证，仍应入账，但申报所得税时，未取得税法凭证就不得确认费用，应调高应纳税所得。这个原因着重在永久性差异，财税认定必不相同。

另一个常见的差异是税法对某些支付的交易设有限额，超过限额不予认定，但是会计上仍是确为公司所必须发生的金额皆须入账，没有限额的设定。业务交际费、职工福利、差旅费、捐赠、退休金等都是常见的有限额规定的项目。

第三个原因：税法强制确认收益。

我们再三强调会计确认交易的原则是权责发生制，有发生才有确认的可能，反之，无发生根本就不可入账。但是税法会强迫公司确认一些收益，例如，企业与关联企业以不合理定价手段减少应纳税所得额，这里减少的应纳税所得额税法是不予认定的。这个原因会产生永久性差异，财税认定必不相同。

第四个原因：以往年度亏损扣除的税前弥补。

前面三个原因，让人感觉税务机关是“坏人”，而这第四个原因，终于展现税务机关“善良”的一面了。《中华人民共和国企业所得税法》（以下简称《企业所得税法》）第十八条规定：“企业纳税年度发生的亏损，准予向以后年度结转，用以后年度的所得弥补，但结转年限最长不得超过五年。”例如本年度会计所得为1000万元，过去五年有符合税法规定的累积亏损800万元，此时，不考虑其他调整，应纳税所得按照200万元计算。

以上所列四个会计与税法差异的原因仅是一般公司常见的情况，而《企业所得税法》的规定既多且杂，肯定还有许多情况造成会计所得与应纳税所得产生差异，想要精进的读者，必须强化对会计准则与税法规定的了解。

2 所得税重要名词定义

（1）递延所得税的基本概念

递延所得税的概念是较为复杂难懂的，简单地说，递延所得税的确认是在财务报表上反映未来所得税的一个负担（负债）或节省（资产）。递延所得税的确认，主要是为了反映财务会计上与税法上对于资产的回收与负债的清偿时点有不同规定，这个财税差异以计税基础的方式确认在财务报表上。也就是前述差异原因的第一个，即确认时点差异。相关的会计项目包括递延所得税资产和递延所得税负债。

递延所得税资产，即本期会计确认的交易不在本期抵税或退税，而是在未来抵税或退税的金额，对本期而言是资产，发生的原因可能是暂时性差异、以往年度亏损扣除的税前弥补等。

递延所得税负债，即本期会计确认的交易不在本期缴税，而是在未来缴税的金额，对本期而言是负债，发生的原因可能是暂时性差异。

（2）当期所得税负债

就是一般人所知悉的贷方“应交所得税”，是依照本期应纳税所得计算的。

3 营利事业所得税

（1）一般所得税额实质性程序

①取得或编制所得税计算表，内含会计所得与应纳税所得的调节。

②复核应纳税暂时性差异调整项目及其金额的合理性。

应纳税暂时性差异项目，例如未实现兑换利益、采用加速折旧法的折旧计提、权益法下国外被投资公司确认的投资利益等。

③复核可减除暂时性差异调整项目及其金额的合理性。

可减除暂时性差异项目，例如未实现兑换损失、超限坏账、权益法下国外被投资公司确认的投资损失等。

④复核永久性差异项目及其金额的合理性。

目前虽已不再定义永久性差异，但其实质精神尚存，仅是以其他名词表达，例如负债的账面金额与负债的计税基础差异，因“永久性差异”比较浅显易懂，故本书仍以此名称定义。

顾名思义，永久性差异是会计确认的项目在税法上不予确认，无法如上述暂时性差异一样，会随时间流逝而与财税确认相符。

永久性差异项目，包括未取得合法凭证、不得确认的滞纳金等罚款，超过限额的费用列支，依税法规定设算的利息或租金收入，税法规定的各种免税所得等。

⑤以前年度发生的暂时性差异于本期差异消失及其金额的合理性。

即以前年度发生的上述应纳税暂时性差异、可减除暂时性差异，于本期符合税法规定，其项目及金额应与前期签证工作底稿或上年度税务申报材料勾稽，并查核确于本期符合税法规定。

⑥以前年度所得税核定与账列差异数。

检视本期取得的以前年度所得税核定征收调整通知文件，了解有无重大调整项目，并考虑是否影响本年度的应纳（退）所得税额计算。

注意经核定征收调整的项目，是否会递延至本年度甚至以后年度实现。

上例依税法核定的摊提年限若不只一年，因仅是账外调整，未在会计报表记录，为避免遗漏，应编列分摊表，每年定期检视。

⑦查明是否有适用的前五年核定亏损扣除。

亏损发生年度及申报扣除亏损年度的会计账簿均经会计师

查核签证。

确认以前年度亏损扣抵的金额均经税务机关核定在案，尚未核定的亏损暂不予计入扣抵。

⑧验算本期应纳所得税额。

（2）递延所得税实质性程序

①取得或编制递延所得税明细表，表中应列明递延项目的性质及金额。

②将期初递延所得税余额追查至上期工作底稿。

③期末递延所得税余额。应纳税暂时性差异、可减除暂时性差异、未使用的以前年度亏损扣抵等。

④评估递延所得税资产的可实现性，若有任何负面证据显示递延所得税资产无法实现，则不予确认递延所得税资产。

⑤递延所得税资产与递延所得税负债一律归类为非流动，且两者金额不可互抵。

（3）所得税费用（收益）计算公式

所得税费用=应纳税所得×所得税税率+递延所得税费用（–递延所得税收益）

第十二章

财务分析

1 / 财务结构分析

（1）分析项目

项目	计算公式
负债比率 / %	负债总额 / 资产总额
长期资金占不动产、厂房及设备比率 / %	（股东权益总额 + 非流动负债）/ 不动产、厂房及设备

①负债比率。

可分析公司营运所需的资金来源主要是举债还是股东投入。

②长期资金占不动产、厂房及设备比率。

可分析公司有无以短期资金来支应长期需求的情况。

（2）上市（柜）公司释例

行业类别	公司	负债比率	长期资金占不动产、厂房及设备比率
半导体业	台积电	26.31%	157.17%
	联电	43.43%	124.22%
航运业	长荣航空	72.74%	123.83%
	华航	74.22%	111.24%
服务业	国宾大饭店	16.32%	183.19%
	晶华酒店	48.88%	175.67%
文化创意业	宽宏艺术	41.64%	133.71%
	得利影视	23.48%	1451.04%

（3）说明

①资产负债率的适宜水平，一般认为在40%～60%。

资产负债率与行业特性以及发展潜能息息相关，例如重工业、建筑开发业以及航空业等，因需投入重大的资本支出才能创造收入，因此其持有的负债就会比一般的行业要高出许多。当然亦与公司经营者的特质有关，同一行业，有些经营者采取保守策略，有些经营者采取较高的财务杠杆操作等激进策略。

②从债权人的角度看，资产负债率越低越好；从股东的角度来说，负债比率较高可能带来一定的好处；从经营者的角度看，他们最关心的是在充分利用借入资金给企业带来好处的同时，尽可能降低财务风险。

③因此，负债比率并非一定越低越好，负债比率应配合资产报酬率（ROA）一起分析，当出现资产报酬率长期下滑，负债却长期上升的现象时，投资人应特别注意财务结构的风险。

以服务业的国宾大饭店与晶华酒店来比较，后者负债比率是前者的近3倍，这时，应再观察两家公司的资产周转率、资产报酬率、权益报酬率及每股盈余，列示于下：

模拟公司	负债比率	资产周转率	资产报酬率	权益报酬率	每股盈余
国宾大饭店	16.32%	0.32 次	3.64%	4.37%	1.16元新台币
晶华酒店	48.88%	0.91 次	13.17%	24.99%	7.53元新台币

若仅由上述几个指标，或许可以初步判断晶华酒店具有使用财务杠杆有效经营的能力及获利能力。但是若深入分析，再

深入了解两家公司股本的大小或不动产、厂房等固定资产的价值，此处国宾大饭店拥有的土地价值可能显著大于晶华酒店。

④长期资金占不动产、厂房及设备比率的适宜水平，一般认为应大于100%。

企业购置固定资产应将长期资金作为资金来源比较恰当，例如长期借款或股东出资。当长期资金不足以支应所有的固定资产，即购置固定资产需动用流动负债来支付，而流动负债是必须在短期内偿还的，且固定资产的变现性较差，此时将可能造成公司资金短缺的危机，故若此比率低于100%，代表企业可能存在“以短支长”的现象，财务风险较高。

2 / 偿债能力分析

（1）分析项目

项目	计算公式
流动比率/%	流动资产 / 流动负债
速动比率/%	（货币资金 + 短期投资 + 应收款项–流动）/ 流动负债

①流动比率。

流动比率主要是计量短期债务清偿能力。

②速动比率。

速动比率是计量企业流动资产中可以立即变现用于偿还流动负债的能力。

（2）上市（柜）公司释例

行业类别	公司	流动比率	速动比率
半导体业	台积电	256.95%	241.34%
	联电	153.48%	114.73%
航运业	长荣航空	111.38%	94.07%
	华航	69.00%	53.16%
服务业	国宾大饭店	370.55%	354.17%
	晶华酒店	100.90%	92.73%
文化创意业	宽宏艺术	191.71%	118.21%
	得利影视	417.51%	290.67%

（3）说明

①流动比率的适宜水平，一般认为，生产事业合理的流动比率应在2：1以上，速动比率应在1：1以上。

②流动比率和速动比率越高，说明企业资产的变现能力越强，短期偿债能力也越强；反之则弱。

③流动比率和速动比率并非越高越好。

流动比率过高，即流动资产相对于流动负债太多，可能是存货积压，或是持有现金太多。存货积压，可能是经营不善；现金持有太多，可能是资金利用效率低。

④虽然流动比率和速动比率是分析短期偿债能力的主要指标，但需注意下列陷阱。

A. 流动比率和速动比率是用资产负债表某一时点的财务数据计算得出的，无法用以评估企业未来资金的流动性。例如某一企业于12 月31日流动比率大于1，但是将于三天后（即来年1 月3 日）有一笔长期借款到期需清偿。

B. 流动资产的质量可能不佳，例如流动资产—存货，有可能因跌价损失评估不确实，有许多已经很难出售的呆滞存货混在流动资产内。即便是计入速动资产的，例如应收账款，亦可能因其坏账评估不确实，有许多实际上无法短期收回的应收账款混在流动资产内。

C. 粉饰行为在分析时通常难以判断，例如以尚未验收完成为理由，延迟确认应付款项，实际所购资产早已投入生产，有时也许可以从列账较久的“预付设备款”看出一些端倪。这种现象在许多大型知名上市（柜）公司也有发生，这种粉饰的行为，除延后确认负债，相当于无息的贷款外，也延后计提折旧虚增营业利润，实不足取。

3 / 经营能力分析

（1）分析项目

项目	计算公式
应收款项周转率/次	销货净额 / 平均应收款项（应收账款 + 营业产生的应收票据）
平均收现日数/天	365/ 应收账款周转率
存货周转率/次	销货成本 / 平均存货
应付款项周转率/次	销货成本 / 平均应付款项（应付账款 + 营业产生的应付票据）
平均销货日数/天	365/ 存货周转率
总资产周转率/次	销货净额 / 平均资产总额

①应收款项周转率和平均收现日数。

应收款项周转率是反映企业在一定时期内应收账款转化为现金的平均次数，用以计量应收账款收回的速度。平均收现日数则是代表从取得应收款项的权利到收回款项、转换为现金所需要的时间。

②存货周转率和平均销货日数。

存货周转率是反映企业在一定时期内存货出售的速度（次数）。平均销货日数则是显示企业商品从库存到销出的平均天数，用以测试企业存货售出时间的长短。

③应付款项周转率。

应付款项周转率是反映企业在一定时期内支付货款的平均次数，次数愈高，代表支付货款的时间愈短，可用以测试企业的信用条件。

④ 总资产周转率。

总资产周转率是综合评价企业全部资产的经营质量和利用效率的重要指标。周转率的高低，说明了总资产周转的快慢，反映出销售能力的强弱。

（2）上市（柜）公司释例

行业类别	公司	应收款项周转率/次	平均收现日数/天	存货周转率/次	应付款项周转率/次	平均销货日数/天	总资产周转率/次
半导体业	台积电	8.78	41.57	8.18	20.11	44.62	0.53
	联电	6.98	52.00	6.78	18.34	54.00	0.41
服务业	国宾大饭店	29.26	12.47	19.51	9.25	18.71	0.32
	晶华酒店	24.70	15.00	15.20	14.22	24.01	0.91
文化创意业	宽宏艺术	14.82	24.62	3.33	8.54	109.60	1.17
	得利影视	4.95	73.74	4.13	14.65	88.38	1.01

（3）说明

①应收款项周转率。

应收款项周转率越高，代表现金回收速度越快，表示应收款项收现能力越强，发生坏账的概率越小。此数值的高低与行业特性有关，通常交易对象为消费者，较交易对象为企业时的应收款项周转率高。例如服务业应收款项周转率通常较制造业的更高。若是同产业比较，有较高应收款项周转率的企业，也不一定代表其应收款项回收速度较快，可能存在以下问题。

A. 从事应收账款卖断的企业，或给予现金折扣的企业，可能有较高的应收款项周转率，但实际上这是需要付出额外财务成本的。

B. 买方公司故意延迟验收，造成卖方公司无法及时确认销货收入与应收账款，这种情况也可能使应收款项周转率提高，这不但不能使应收账款回收速度加快，反而会使应收账款延后确认，这样一来，回收速度自然慢，发生坏账的概率高。

C. 即使是同业，仍可能存在经营形态不同而使比较失去精确性，例如宽宏艺术与得利影视，同为文化创意业企业，宽宏艺术主要从事国内外演唱会、展览、艺术文化活动的代理与主办等，近年新增灯光视讯与硬件出租业务，并跨入艺人经纪业务。得利影视主要负责美国八大片商如华纳、迪士尼等 DVD 以及蓝光影碟在台湾的唯一发行，客户包括经销商、量贩店、便利商店、影音产品连锁店及一般出租店。以两家公司主要的经营活动来看，宽宏艺术的应收款项周转率高于得利影视，确实是行业差异造成的合理情况，而不一定是宽宏艺术的收现能力强于得利影视，因为后者的经营内容确实有较多的赊销交易，因此发生坏账的概率相对较高，这是可以理解的。

②存货周转率。

将不同产业的存货周转率拿来比较意义不大，但若是相同产业，比较存货周转率可以看出公司的经营效率。单独分析一家公司的存货周转率，最好有多期间的数据可供观察，若该公司的存货周转率显示持续上升，但公司的销货收入却不断下降，这不但代表公司的产品可能出现滞销，也可能是整个产业出现供过于求的状况。反之，若存货周转率下降，而销货收入增加，代表公司存货销售速度快，理应增加产量来满足庞大的需求，所以可能有供不应求的状况。若是存货周转率较以往下降多，但销货收入持平，则要注意该公司是否有大量处理呆滞存货的情况，尤其是在公司更换新经营者时，或者公司本期已经亏损了，就干脆一次亏个够，为未来提高业绩做好准备。

③应付款项周转率。

应付款项周转率愈高，代表付款条款并不有利，公司总是需要在较短的时间内付清欠款。相同产业的不同公司，在其他经营条件相似的情况下，应付款项周转率较低的公司，其在市场上的影响力或议价能力可能较其他同业更强。比较2016年台积电与联电的应付款项周转率，台积电的应付款项周转率高于联电，即使再观察过去的四个年度，依然是台积电的应付款项周转率高于联电，这是否意味着台积电的议价能力不如联电，或是台积电的付款条件较为不利？以目前两家公司实际的经营情况来看，应该不是这样的。对任何财务比率的分析，必须深入了解，才能知悉事实，应付款项周转率较同业高，可能是为了取得提前付款的现金折扣优惠而较快付款，也可能是公司经营类目不完全相同造成的，不同企业的交易惯性可能不同。将台积电与联电比较，前者较后者更专注于对本业的投资，而后者的投资比较多元，比较以合并报表为基础计算的应付款项周转率（包括所属子公司的应付款项），联电似乎优于台积电。但若比较以个体财务报表（不包括所属子公司的应付款项）为基础计算的应付款项周转率，2016年台积电为19.04次，联电为19.18次，这显示了两家公司在此项上非常接近，因此或许是联电投资的子公司较为多元化，使其以合并报表为基础计算的应付款项周转率表面上看来稍优于台积电。

④以上经营能力的分析，需注意：不同产业之间的比较是没有意义的。

例如台积电总资产周转率为0.53 次，少于宽宏艺术的1.17次，但这绝不代表后者的经营效能优于前者，因为半导体业所投入设备的金额远远超过文化创意业，但可以通过比较总资产周转率，判断台积电的经营效能优于同产业的联电。

4 / 获利能力分析

（1）分析项目

项目	计算公式
资产报酬率/%	［净利润＋利息费用×（1–税率）］/ 平均资产总额
权益报酬率/%	净利润 / 平均股东权益
每股盈余/元	净利润/ 加权平均已发行股数

①资产报酬率（ROA）。

资产报酬率计量公司资产利用的程度。资产包括以举债或是股东出资所取得的资产，公司利用其所有的资产从事营运活动所获得的息前报酬，资产报酬率计量的是公司整体资产运用的报酬效率。

②权益报酬率（ROE）。

权益报酬率是公司取得的股东出资的报酬率，不包括举债取得的资金。其与每股盈余的差异是以股东权益（全体股东的价值）来考虑企业运用资源的效率，而非仅考虑股本这个单一项目。

③每股盈余（EPS）。

每股盈余是指股东每投入1元的股本所能赚取的报酬。

（2）上市（柜）公司释例

行业类别	公司	资产报酬率	权益报酬率	每股盈余
半导体业	台积电	19.03%	25.60%	12.89 元
	联电	1.35%	3.75%	0.68 元
航运业	长荣航空	2.64%	6.93%	0.86 元
	华航	0.80%	1.20%	0.10 元
观光业	国宾大饭店	3.64%	4.37%	1.16 元
	晶华酒店	13.17%	24.99%	7.53 元
文化创意业	宽宏艺术	6.72%	13.09%	2.39 元
	得利影视	8.53%	11.24%	0.54元

（3）说明

①每股盈余高可能只是因为股本相对较小，不一定代表每股获利能力较强。若两家同类公司的每股盈余相近，则应比较权益报酬率，权益报酬率较高者，代表企业替股东赚钱的能力较强。

②资产报酬率。

通常资产报酬率无一定的高低，需同业间做多期间比较才能判断该公司资产应用的好坏，但此比率不宜低于一般市场利率标准，不然就表示该公司承担风险投资的效果比无风险性的报酬还低，表示其资产运用不当。一般市场利率标准，通常认为长期利率至少要比银行定存利率或长期公债利率更高为佳，否则同等的投资买定存或债券不只获利较好，安全性还更高。

③同产业公司，权益报酬率更高，代表公司用自有资本赚钱的能力较强。从计算公式看，权益报酬率高，就是净利润要高，或是股东权益要小。

股东权益小的情况有两种，一是公司规模很小，二是股东出资少而靠较多的借款经营。若两家公司获利相当，出资少而靠较多的借款经营的公司权益报酬率越高，此时除考虑其财务杠杆操作的危险性外，还应再比较两家公司的资产报酬率，了解它们的资产利用效率。

④对于权益报酬率，据说“股神”巴菲特持有的公司都具有高权益报酬率的特色（权益报酬率高于10%~15%）。

⑤当负债占总资产的比重很高（股东权益很小）时，权益报酬率就不适合用来计量企业的经营效率。与权益报酬率相比，资产报酬率更适合用来分析负债比重高的公司的经营效率。

例如航运业的长荣航空与华航，它们的负债比率皆超过70%，股东权益相对较小，此时应使用资产报酬率分析获利能力。

⑥台积电与联电2012—2016年比较分析。

公司	项目	2012年	2013年	2014年	2015年	2016年
台积电	资产报酬率/%	19.19	17.11	19.33	19.62	19.03
联电	资产报酬率/%	1.63	4.35	3.96	4.07	1.35
台积电	权益报酬率/%	24.68	24.00	27.86	27.04	25.60
联电	权益报酬率/%	3.01	6.16	5.66	6.00	3.75
台积电	每股盈余/元新台币	6.42	7.26	10.18	11.82	12.89
联电	每股盈余/元新台币	0.49	1.01	0.97	1.08	0.68

A. 资产报酬率方面：除2013年稍低外，其余四年台积电的资产报酬率都非常稳定地维持在一定的水平。而联电的资产报酬率在2016年出现明显降低。此外，以2016年为例，台积电100元新台币的资产能赚19.03元新台币，而联电100元新台币的资产却只能赚1.35元新台币，这显示股东投资联电的投资报酬，与股东用相同的资金购买无风险性债券所获得的报酬差不多，但是投资台积电的获利则是购买无风险性债券的数倍。

B. 权益报酬率方面：台积电五年间的税后净利持续增长，股本在2012—2014年间曾有小额增资，盈余分配率介于41.3%~57.9%，因此其股东权益持续增加，且主要是留存收益增加，权益报酬率也维持在一定水平。而联电在2016年的税后净利较2015年降低，降低幅度达38%，其股本在2013年及2016年因库藏股注销而降低，除此之外，联电在2012年、2014年及2015 年间曾办理小额增资，留存收益除2016年降低外，其余年度呈现增加。以2016年为例，台积电股东投资100元新台币，公司可获利25.6元新台币，而联电股东投资100元新台币，却只能赚3.75元新台币，相差甚多。

C. 每股盈余方面：台积电每股盈余逐年增加，主要是其获利增加所致。而联电则呈现不稳定状态，特别是2016年，联电的获利金额显著降低，使每股获利降幅稍大。

5 / 现金使用分析

（1）分析项目

项目	计算公式
现金流量比率/%	经营活动净现金流量 / 流动负债
净现金流量允当比率/%	最近五个年度经营活动净现金流量 / 最近五个年度（资本支出 + 存货增加额 + 现金股利）
现金再投资比率/%	（经营活动净现金流量−现金股利）/（固定资产总额 + 长期投资 + 其他资产 + 营运资金）

（2）上市（柜）公司现金流量表释例

（单位：新台币千元）

行业类别	公司	本期税后净利(损)	经营活动流入(出)	投资活动流入(出)	筹资活动流入(出)
半导体业	台积电	334247180	539834592	(395439680)	(157800197)
	联电	8315560	46450497	(80085872)	38795489
航运业	长荣航空	3476004	21155946	(16551202)	4630227
	华航	571540	17636372	(21021616)	4208402
服务业	国宾大饭店	426162	653454	(194389)	(421099)
	晶华酒店	953936	1391387	(360486)	(1181768)
文化创意业	宽宏艺术	41664	(90204)	(329786)	205384
	得利影视	(39570)	95017	(95774)	(10485)

（3）说明

①现金流量比率。

现金流量比率主要是看企业经常性经营活动所产生的现金流入，是否足以偿还流动负债。

②净现金流量允当比率。

用来分析公司营业所产生的现金，作为公司投入用于资本支出、存货与发放股利是否足够。

③现金再投资比率。

用来计量一个企业在营业上所产生的资金扣除现金股利后，相对于各项资产购置、转投资、维持经营成长所需资金的比例，亦即营业产生的资金可再投资于各项经营资产的能力。

④经营活动净现金流量。

现金流量表是四大财务报表中易被忽略的一张报表，它的重要性其实不亚于损益表。损益表以权责发生制为入账基础，而现金流量表则反映公司现金流入流出的情况，且将其区分为来自经营活动的现金流量、来自投资活动的现金流量、来自筹资活动的现金流量。当一个企业经营活动的现金净流量呈现负数，表示该财务报表期间的主要经营活动并未带来现金流入，现金流入可能是靠投资或筹资活动。特别要注意损益表当期损益为正数，而经营活动净现金流入为负数的情况，这显示该企业虽然是赚钱的公司，但是并未从营业中收到现金。

⑤特别注意宽宏艺术及得利影视两家企业。

宽宏艺术本期税后净利润为41664千元新台币，但是经营活动竟是现金流出90204千元新台币，原来是当年度大量偿还经营应付款项，比较多个期间发现并非年年如此。得利影视恰好与宽宏艺术相反，本期税后为损失39570千元新台币，但是经营活动竟是现金流入95017千元新台币，原来营业损失中包含折旧与摊销82520千元新台币，计提减值损失14009千元新台币，只是这两项不造成现金流出的费用类项目就已超过账面损失，显示公司账列的亏损主要是计提费用造成的，公司的现金余额还算充足。

6 / 会计师分析财务报表的目的

对于投资人、债权人、管理层甚至潜在投资者而言，财务报表是一项评估企业过去及现在财务状况与经营结果的工具，财务报表分析主要目的在于对企业未来的状况及可能的结果，做出最佳的估计与预测。因此我们经常将各项财务分析数据与产业整体发展趋势、标的公司在产业内的表现、企业目前的经营问题等联系起来一同比较分析，以将其作为未来投资决策（投资人），或贷放依据（债权人）或企业改进的方向（管理层）。

然而对于查账人员，财务报表分析最主要的目的是观察历史财务数据有无异常的可能，将其作为查账深度与广度的判定依据。因为会计师执行财务报表查核时，不可能全面、详细审查，而是在有限的查核时间内，有系统地对于金额重大的项目、比重变动大的项目，集中力量予以查核。而判别哪些交易的比重变动大，主要就是靠财务报表分析，例如，受查公司历年来毛利率差异在5%以内为正常，若某年该公司毛利率差异超过这个范围，会计师就应该要针对销货条件、成本结转等进行更深入的查核。曾经有位会计师，通过比较，分析出受查公司毛利率较以往年度偏高，因而比较年度内该公司各月进货总金额，发现某月份进货金额异常偏低，进而发现该公司刻意漏列进货事项。此外，通过计算年度借款利息总金额占平均借款金额的比率，发现受查公司亦呈现平均利率明显低于银行实际借款利率的问题，进而该公司被发现刻意漏列利息费用。经这位会计师了解，原来是该公司有银行借款压力和来自股东对经营的期待，而这种行为已涉及财报不实，会计师如果没有及时发现，并进行及时纠正，则会造成审计失败。

目的不同，重点就不同。

对投资者而言，他们希望通过财务报表分析找出适合的投资标的，而对于会计师而言，我们希望通过财务报表分析制订适当的查核程序。可以说前者使用财务报表分析是为了未来投资效益，而后者使用财务报表分析肯定是为了当下的查账质量。兹以下列释例说明目的不同，重点就不同。

（1）财务结构分析——负债比率

投资者：负债比率较同业明显高或低，投资者倾向于去判断经营者风格是保守或激进，在景气反转之际，是否会增加经营风险。

会计师：负债比率较同业明显高或低，会计师倾向于注意借款是否来自关联方，在财务报表上是否需要披露。

（2）偿债能力分析——流动比率

投资者：流动比率与以往年度比较明显变高，投资者关注点会放在公司短期债务偿还能力的变化上。

会计师：流动比率与以往年度比较明显变高，代表流动资产提高的金额大于流动负债，此时会计师应注意流动资产的质量，例如应收账款、存货等是否提足坏账或跌价损失。

（3）经营能力分析——应收款项周转率

投资者：应收款项周转率与以往年度比较明显变高或低，投资者关注点会放在公司收现能力的变化上，进而分析此产业前景。

会计师：应收款项周转率与以往年度比较明显变高或低，会计师注意的是销货收入与应收款项入账时点是否异常。